# 人工知能が金融を支配する日

The Day Artificial Intelligence Dominate Finance

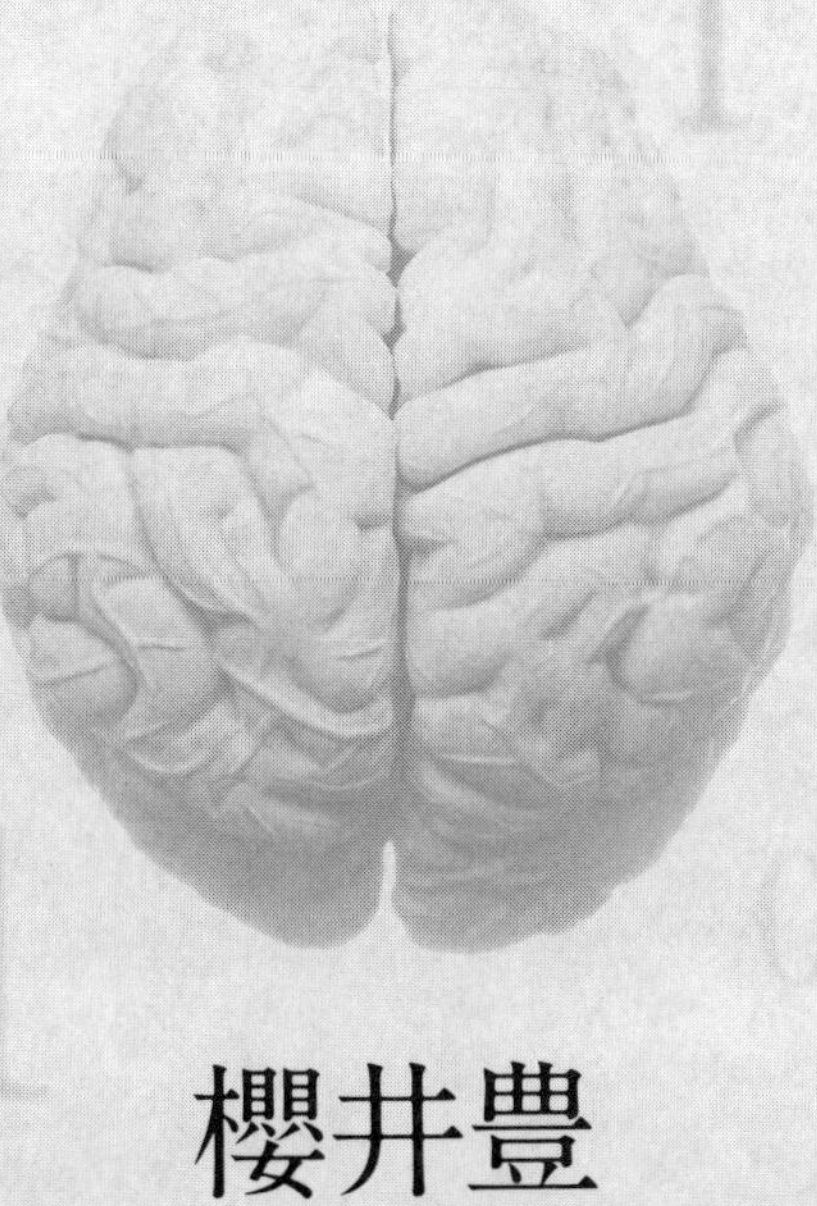

櫻井豊
Yutaka Sakurai

東洋経済新報社

# はじめに

人工知能の技術は、ここ数年で飛躍的な進歩を遂げました。その進歩は技術革新とも言うべきものであり、社会やビジネスに大変大きなインパクトをもたらそうとしています。近年の人工知能の技術進歩は、そのスピードと方向性の両方の意味で、ほんの10年ほど前に考えられていたものとまったく違う方向で進化を始めているのです。10年前の人工知能は、あくまでも人間が自身の知識や経験などをプログラミング化したものであり、将来もその方向性で発展すると考えられていました。

しかし、近年急速に発展している人工知能の技術は機械が自分自身で学習するというものです。もちろん、現時点では人間のプログラマーの役割はまだまだ大きいのですが、人間への依存度は急速な勢いで低下し始めています。このような方向性の技術進歩を象徴するのが、グーグルの子会社が作ったアルファ碁という人工知能が囲碁のトップ・プロに勝利した出来事です。

このような技術進歩によるインパクトを一番最初に、そして一番大きく受けると思われるのが金融業界です。一般にはほとんど知られていませんが、金融市場は、歴史的にも最先端の人工知能の実験場でした。金融市場の情報は基本的にコンピュータが扱いやすい上に、上手くいけば大儲けできるので、人工知能の能力を試すにはもってこいの場所だったのです。

このような歴史的経緯もあって、実はすでに、金融市場はロボ・トレーダーの独壇場になりつつあります。私達がオンラインで為替や株の取引をする場合は、その取引相手の背後に、瞬時に収益機会を見つけまばたきする間もなく取引を執行するロボ・トレーダーが隠れているのが今の市場の現状なのです。

世界の金融市場を席巻しているヘッジファンド業界においても、経験と勘に頼るカリスマ投資家の時代は終わりを告げつつあり、人工知能を上手に使いこなすファンドが優勢になりつつあります。そして、いくつかの有力ヘッジファンドは、他の業態では考えられないような報酬などの条件で、ＩＢＭ、グーグルやアップルなどから人工知能のトップの技術者を引き抜いているのです。

ヘッジファンドが人工知能の技術者を集める動きは、ますます加速しています。ヘッジファンドは、最新の人工知能技術が10年前とは比べられないほどの威力があることを知っているからです。つまり、世界のトップの人工知能の研究者が働いているのは、世界的に有名な企業ではなくめったに報道されることのない「裏舞台」なのです。彼らによって、ヘッジファンドのロボ・トレーダーが超強力になるのはそう遠くない将来です。

市場取引に限らず、世界の金融業界には最新の人工知能の技術を活用しようという動きが広がっています。そしてそのなかには、金融のビジネスのあり方を大きく変えようとするものもあります。たとえば、これまで人間が行っていた資産運用アドバイスや信用リスク分析の仕事をロボットに代替させて、かつビッグデータ分析などによって、より緻密に顧客の行動パターンを割り出すというものです。こうした動きは、金融の他の仕事にも波及するでしょう。

一方で日本の金融業界の実情はどうでしょうか。残念ながらこのような動きにまったく太刀打ちできないほど後れをとっています。その理由は、護送船団時代に形成された体質、数理的センスの欠如、経験と勘を重視するという日本人の特性などさまざまです。とにかく、これまでの日本の金融業界では、人工知能など数理的な手法で市場取引やビジネスを構築するという発想とセンスが欠落していました。

最近のヘッジファンドや先進的な技術を持つ企業の動きを見ていると、破壊的なテクノロジーが一部の海外企業やファンドに独占されるおそれもあります。技術の独占は、人類にとっても深刻な問題です。

本書は、筆者の長年の金融市場と関連する技術に関する経験と知識をもとに、メディアではあまり報じられない、金融とテクノロジーの裏舞台を暴き、金融業界の現在の姿を多くの人々に知ってもらうことを目指したものです。そして、今金融業界で起こりつつある問題を多くの方々に共有してもらい、今後の新しい日本の金融のあり方を構築するきっかけの1つになればと願っています。

目次　人工知能が金融を支配する日

Chap. 01

## 金融市場はロボ・トレーダーだらけ 037

Chap. 03

## Chap. 04 世界を変える人工知能の進化 119

Chap. 05

## ロボットに奪われる金融の仕事 159

## Chap. 06 金融ロボット後進国、日本の危機 181

Conclusion

## 表舞台と裏舞台の両方から変わる金融界

# Chap. 00

# 金融とテクノロジーの表舞台と裏舞台

## フィンテックの光と影

世界的に広がったフィンテック・ブームは、日本にも上陸し、早くも一巡した感も出てきました。ご存知のように「フィンテック（FinTech）」という単語は、フィナンシャルとテクノロジーをつなげた造語ですが、読者は金融とテクノロジーの関係にどんなイメージをお持ちでしょうか。日本では、クラウド家計簿やクラウド会計、インターネットを通じた個人向けの投資情報サービスといった分野などがフィンテック企業の中心であり、書店の店頭にはそうした企業の解説が並んでいます。そして、ベンチャー企業だけでなく三菱東京ＵＦＪ銀行などメガバンク３行までもが、最近盛んにフィンテックという言葉を使って、自行のテクノロジーに対する取り組みをアピールするようになっています。このように、日本におけるフィンテックの動きは主にインターネットなどを通じた個人や中小企業向けの便利なサービスという印象が強いのではないでしょうか。

しかし、そうであればフィンテックは、随分前にブームが起きたネット銀行・ネット証券の設立や、おサイフケータイのサービスの延長に過ぎないように思えます。いや、むしろ２０００年前後のネット銀行の設立などのほうが、より金融業の本丸に対するチャレンジだったような気もします。このような経緯がありながらなぜ今になって、フィンテックが世界的なブームになっているのでしょうか。

実は、フィンテックを単なる便利なサービスと捉えてはいけません。海外では今や金融業の本業を侵食し始めているのです。また金融とテクノロジーの関係には、マスコミの報道にはなかなか現れない別の大きな流れがあります。フィンテックとは別に私達の目に触れないところで銀行や証券の高度なロボット化は急速に進んでいるのです。

一方で、日本は金融のロボット化に一部の分野を除いて非常な後れをとっているという現実があります。これは、日本の個々のテクノロジーが後れをとっているという意味ではありません。日本にはおサイフケータイのように、大衆が使える便利な機能として世界に先行したテクノロジーを開発したような実績もあります。またヒト型ロボットの利用も進んでいます。日本が後れをとっているのは、金融や市場をシステマチックに運営するという面です。ただし、後れをとっている日本がこのままガラパゴス状態でいることは難しいかもしれません。少なくとも、金融市場など事実上国境が存在しない世界では、グローバルな動きに嫌でも連動してしまうからです。

## アメリカ、イギリスで作られたフィンテック・ブーム

日本との対比としてアメリカやイギリスのフィンテックについて簡単に説明しましょう。昨今のフィンテック・ブームは、2010年にアメリカのあるベンチャーキャピタルとコンサルティング会社が「金融サービス分野で先進テクノロジーを活用した商品を開発する若い企業や成長過程の企業をサポートする」という企画を始めたことが火付け役になっています。当時アメリカの金融界はリーマン・ショック後の混乱がまだ色濃く残っていた状態であり、既存の金融機関はまったく元気がありませんでした。世間からの風当たりの強さだけでなく、新しい規制が次々に課せられ始めて商売がやりにくくなっていたのです。こうした状況に、コンサルティング会社としては、新しい商売の対象としてベンチャー企業

**図0.1 ■ アメリカのフィンテック企業（ベンチャー）への投資額の推移**

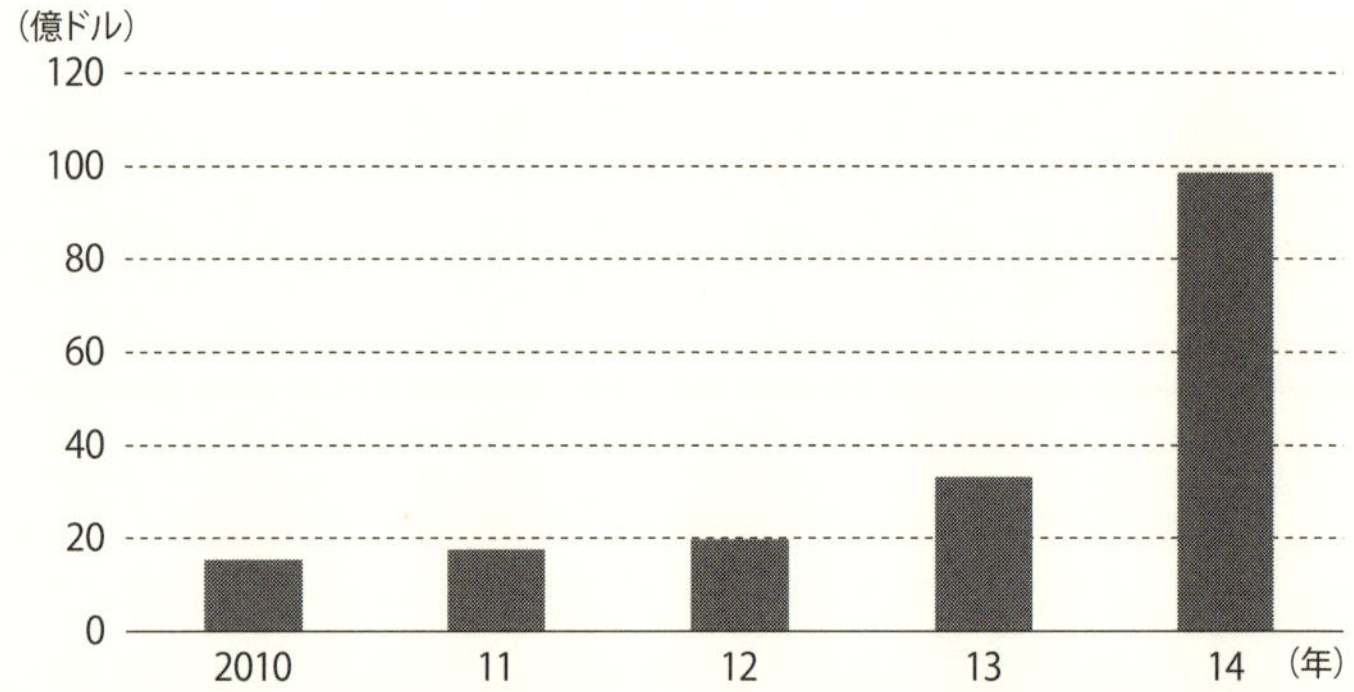


（出所）アクセンチュア＆ニューヨーク市パートナーシップ基金（2015）"Fintech New York: Partnerships, Platforms and Open Innovation"

に目をつけたのです。

この動きを、アメリカやイギリスの政府も応援します。アメリカでは、２０１２年にオバマ大統領がジョブズ（ＪＯＢＳ）法と呼ばれる法案に署名をしました。ジョブズ法は、ベンチャーを含めた中小企業が資本市場から資金調達を容易にするための、証券取引に関するいくつかの法律の改正を指します。ジョブズ法の制定によって、アメリカのベンチャー企業はインターネットを使って容易に資金調達をすることができるようになりました。

フィンテックに対する政治の後押しは、イギリスも同様です。世界最大の国際金融センターであるロンドンを首都とするイギリスは、リーマン・ショック後の厳しい金融規制の導入によって、金融センターとしての地位が揺らぎかけていました。イギリス政府は、

2014年頃からこうした状況を打開しイギリスを金融ベンチャーのメッカにするために、フィンテックという言葉を使って熱心にプロモートを始めました。

このような、米英などの政府の後押しの効果はすぐに表れ、2014年のフィンテック企業への投資額は急増します（図0・1）。そして、コンサルティング会社はフィンテックのプロモーションをアジアにも拡大しました。最近日本でフィンテックという言葉が急に使われるようになったのはこうした事情があります。

## 金融のあり方を根本的に変えるビジネス・モデルの登場

欧米のフィンテック企業は、日本のフィンテック企業より遥かに多彩で、そのビジネス・モデルや利用しているテクノロジーやその水準は実にさまざまです。アメリカや欧州でも、携帯電話を使った決済サービスや、金融情報の提供など日本のフィンテック企業と類似の便利なサービスを提供するような企業がたくさんあります。

一方で、日本ではそう簡単にまねができそうもない、金融のあり方を根本的に変える可能性のあるビジネス・モデルも登場しています。具体的にはレンディング・クラブやソフィ（SoFi）といった企業がその一例です。たとえばレンディング・クラブは、個人の投資家が非常に少額の資金を、他の個人や中小企業に貸すという画期的なビジネス・モデルを確立して急成長しています。レンディング・クラブにおいて、個人の投資家は、インターネットで借り手候補の情報を調べ、気に入った借り手を選んで、少額からの投資（融資）を直接することができるのです。

レンディング・クラブでは借り手の信用力を、クレジット・スコアという信用力を評価する点数などで判断します。クレジット・スコアとは過去のクレジット・カードの支払履歴などによって点数づけされるスコアで、延滞などがあればスコアが下がる仕組です。クレジット・スコアはアメリカの個人融資では広く使われる方法であり住宅ローンの借入れ金利などの条件も基本的にはクレジット・スコアで決まります。レンディング・クラブの借り手のクレジット・スコアなどで「金利のカテゴリー」が決められます。一方、貸し手はクレジット・スコアや、借入れの目的などからリスクを判断し、融資を行うかどうかを決定するのです。

金融業の本質はお金を貸すことだけでなく、融資に問題が起こった場合に資金を回収することが大事です。アメリカでは、貸出金の金利や元本の回収の仕事をサービシングといいます。レンディング・クラブは、自社の中にサービシングを行うチームを持ち、いざという場合はそのチームが出動して資金を回収するのです。レンディング・クラブのように個人が個人に直接融資を行うのは、究極の直接金融と言えるかもしれません。

これは、間接金融を行っていた銀行などの融資金融機関や、これまで直接金融を仲介し手数料収入を得ていた証券会社にとっては、本業の商売を奪う可能性のあるビジネス・モデルです。レンディング・クラブは金融のあり方を根本的に変える可能性を感じさせるのです。つまり、コンピュータとウェブのプラット・フォームを運営する企業が既存の銀行のビジネスを侵食し始めていると捉えることができるのです。ある意味、究極のネット銀行と言えるかもしれません。

ところで、レンディング・クラブは今やアメリカを代表するフィンテック企業の1つですが、利用しているテクノロジーのレベルという意味では今のところさほど高度なものではなく、20世紀末のITブーム以来のウェブ技術が中心です。こうした事情はレンディング・クラブに限らず、多くのフィンテック企業に共通の事情であり、顧客に便利なサービスを提供するためには、これまでのところ必ずしも最先端のテクノロジーが利用されているわけではないのです。

人工知能などが本格的に利用され、既存の金融機関を破壊するのはこれからのことなのです。

## 急速な進歩を遂げる人工知能（AI）

さて、フィンテック企業のビジネスの説明はまた後ほど行うとして、これから金融業の姿を根本的に変え得るテクノロジーについて説明します。近年は人工知能に大変な注目が集まっていますが、最近の人工知能の機能の向上がどれだけすごいのかを説明するために、やや、唐突に思えるかもしれませんが、チェス、将棋、そして囲碁のソフトについて説明します。

コンピュータがチェスの世界チャンピオンを破ったのは意外に早く、1997年のことです。IBMのディープ・ブルーという人工知能が、当時チェスの世界チャンピオンだったアゼルバイジャン出身のガルリ・カスパロフを破ったのです。チェスの盤面は8×8＝64マスしかなく、持ち駒を使うこともできません。したがって、コンピュータが考えられる手順をすべてしらみつぶしに検討していくことで最良の一手を見つけることが可能だったのです。しらみつぶし法による人工知能のアプローチを探索木といいます。実際に、勝負がつくまでのすべての手順のパターン数（探索木の枝の数）はチェスの場合は10の120乗だといいます。このように書いても想像がつかないかもしれませんが、1兆はゼロが12個で10の12乗ですから、チェスのパターン数は1兆の10乗もあることになります。90年代の最高水準のコンピュータによってこのパターン数を制覇することができたのです。

さて、チェスの次は日本の将棋に話題を移しましょう。将棋のマス目は9×9＝81マスでチェスとさほど違いません。しかし、将棋には取った駒を打つことができるというルールがあって実際にはチェスより遥かに駒の動かし方のパターン数が多いのです。これによって、将棋のパターン数は10の220乗になるそうです。これも実感がわかないかもしれませんが、チェスのパターン数より1兆の9乗倍だけ多くなると言えば、チェスと将棋の間には想像を絶するほどの違いがあることがわかるでしょう。

コンピュータの世界にはムーアの法則という有名な法則があります。コンピュータのCPUの性能は18ヵ月ごとに2倍の能力を持つようになるというものです。このペースでいけば、36ヵ月で4倍、72ヵ月で8倍、15年後、すなわち180ヵ月後には2の10乗、すなわち1024倍になる計算です。つまり、もしコンピュータのハードの性能がムーアの法則どおりに向上したとすれば、1998年から15年後の2013年ごろには、チェスのパターン数の1024倍ぐらいの複雑なゲームに、同じようなソフトで勝つことができることになります。しかしながら、チェスと将棋のパターン数の違いは1兆の9乗倍近くでありまったく桁違いです。

実際に、将棋ソフトにおいては、チェスに勝ったようなしらみつぶし戦法を採用した戦いでは限界があったようです。近年のコンピュータの処理能力の向上によって、将棋についても、すべての手順をしらみつぶしに検討する方法で多少の実力の向上がなされました。しかしながら、その実力はアマチュアの高段者にも遥かに及ばないものでした。

将棋ソフトに転機が訪れたのは、機械学習という探索木とは別の人工知能の手法の採用が始まってからです。機械学習はコンピュータ自身が学習するという方法を取り入れたものですが、将棋ソフトの中に機械学習を使って、局面の有利さや不利さを判断する機能を採用したのです。この機能を最初に採用したのはボナンザというソフトで、ボナンザはかなりの実力のあるアマチュアも打ち破ることができるようになりました。機械学習の有効性が認識されると、次々にその手法を採用したソフトが登場し、2012年にはとうとう、ボンクラーズというソフトが将棋界の重鎮であった（故）米長邦雄永世棋聖を破ることに成功しました。これが「第1回将棋電王戦」の催しです。翌年からの将棋電王戦は現役のプロ棋士5人と5種類の将棋ソフトの対決という形に変更され、2013年の対決では将棋ソフトは初めて現役のプロ棋士に勝利しただけでなく、3勝1敗1持将棋で勝ち越すという大勝利を収めました。

このように、チェスから将棋へのハードルは、コンピュータのハードウェアの処理能力の向上だけでは不十分であり、人工知能の手法自体の飛躍的進歩が必要だったのです。また、機械学習という人工知能の手法はそれほどパワフルであったともいえます。

## とうとう囲碁のプロに勝ったグーグル子会社の最新人工知能技術

コンピュータが将棋のプロを負かすことができるようになっても、ソフトが囲碁のプロを破るのはまだまだ先であると考えられていました。何しろ囲碁の盤面はマス目が19×19＝361もあり、勝負が決着するまでに必要な手数も格段に増えるのです。勝負が決するまでのパターン数はさきほど説明したように将棋は10の220乗ですが、囲碁はなんと10の360乗もパターンがあるのです。つまり、140桁も違うのです。これでは、チェスのチャンピオンを打ち倒した、しらみつぶし戦法はまったく役に立ちません。つい7～8年ほど前までは、囲碁のソフトはアマチュアの低段者くらいの実力しかなく、プロのレベルには程遠い状況でした。

また、囲碁においては、パターン数があまりにも膨大にあるために、局面の良し悪しを機械的に評価することが極めて難しかったので、将棋のように機械学習を取り入れることもなかなか難しい状況でした。近年は、探索木にモンテカルロ・シミュレーションという金融でもよく使われる手法を取り入れることによって、かなりの進歩が見られたようですが、それでもつい先日まで、ソフトがプロを破るにはあと10年くらいは必要であると言われていました。

ところが、2016年1月、人工知能業界に突然大きなニュースが飛び込みます。ディープマインドというイギリスにあるグーグルの子会社が作ったアルファ碁という人工知能が、囲碁の欧州チャンピオンを打ち負かしたというのです。アルファ碁は、3月には韓国のトップ・プロのイ・セドル九段と5局対戦したうち4勝をあげ、日本のマスコミにも大きく取り上げられました。グーグルは2014年に小さなベンチャー企業だったディープマインドに推定4億ドル以上もの資金をつぎ込んで買収していたのですが、その会社が

10年は必要だと思われたチャレンジをあっという間に実現してしまったのです。ではディープマインドはどのようにして、サプライズを起こしたのでしょうか。

その秘密は、近年話題の人工知能の技術である深層学習（ディープラーニング）と、ディープマインドが独自に開発した深層強化学習という、2つの強力な手法の組み合わせにありました。深層学習は、実は20世紀から存在したニューラルネットワークという機械学習を発展させた手法ですが、近年トロント大学のジェフリー・ヒントン教授によって画期的な使い方が開拓されました。ヒントン教授は、2012年に開かれたコンピュータによる物体の画像の識別を競う国際コンテストで驚異的な精度を発揮して、関連する分野の研究者たちに大きな衝撃を与えたそうです。それ以来、深層学習の研究は競って行われ、いくつかの分野でそれまでの人工知能の常識を打ち破る圧倒的なパフォーマンスを示し始めています。

グーグルのディープマインドの人工知能はそうした試みの中でもとりわけ有名なものであり、その実力が囲碁という超高難度のテーマで早くも実証されたわけです。ちなみにヒントン教授は現在はグーグルと共同の研究も行っています。

また、アルファ碁のもう1つの技術的な柱である深層強化学習は、ディープマインドが独自に開発し力を入れている手法であり、強化学習という別の種類の機械学習に深層学習の手法を合体させたものです。深層強化学習は、アルファ碁の勝利の1年前に、まったく人間がほとんど何も教えることなく機械自身がさまざまなビデオゲームの攻略方法を数時間で学習し強くなるパフォーマンスを演じて、一部の関係者に衝撃を与えました。アルファ碁は従来の囲碁ソフトの手法に加えて、2つの新しい手法を組み合わせることによって、突然変異的な強さを発揮したのです。

## なぜこんなにパフォーマンスが良いのかわからない!

深層学習についてもう少し説明を続けましょう。将棋のソフトでも威力を発揮した機械学習には実はさまざまなアプローチがあり、その1つが人間の脳神経のふるまいをまねたニューラルネットワークです。ニューラルネットワークは80年代から90年代にかけて、一時大いに期待された時期があったのですが、当時は期待されたほどの成果を得ることができず、世間の関心はすっかり冷え込んでいたようです。

ニューラルネットワークは中間層と呼ばれる階層を作って脳神経の働きをまねた仕組みを作るのですが、この中間層が複数（つまり多階層）あるようなニューラルネットワークを深層学習と言います。多階層のニューラルネットワークというアイデアは80年代前後からあり、当時は日本の研究者にも重要な業績を残した方もいるのですが、ヒントン教授が行ったアプローチが、大きなブレークスルーになりました。この辺のことについては、東京大学の松尾豊先生が昨年『人工知能は人間を超えるか——ディープラーニングの先にあるもの』（KADOKAWA）という本でわかりやすく説明しているのでお読みになった読者も多いのではないでしょうか。

松尾先生の説明によれば、ブレークスルーを起こしたアプローチの特徴は、機械に「特徴量」と呼ばれる機械学習に現れる重要な変数を「繰り返し何度も学習させる」という手法だそうです。従来の機械学習では、この特徴量を人間が設定していたのに対し、深層学習では機械自身が特徴量を深く学習していくのです。そういう意味で、深層学習は、人工知能という言葉によりふさわしい機能を持つようになったと言えるかもしれません。

さて、この深層学習は、しばしば圧倒的な威力を発揮することがある反面、誰がやってもすばらしい成果が得られるとは限らないようです。実際、深層学習といっても、そこで利用される確率、統計、数値解析などのアプローチの選択や、その具体的使用法は千差万別であり、手法の選択次第ではうまくいかない場合もしばしばあり、さらにはなぜうまくいくのかという理論的な研究も進んでいないようです。そもそも、人間の脳の機能をまねたニューラルネットワークの学習結果は、膨大な数の数値（の行列）として反映されるだけであり、それを見ても具体的にどのような学習をしたかはほとんどわからないのです。

つまり圧倒的なパフォーマンスを示す深層学習は「なぜこんなにパフォーマンスが良いのかわからない！」という状態らしいのですが、これはまさに人間が理解することができない領域に機械が踏み込んだと言えるのかもしれません。

## 裏舞台に回る最高の人工知能技術者

さて、このように近年の人工知能は驚くべき成果を上げるようになっているのですが、こうした分野の最高の技術者はどこで働いているのでしょうか。たとえば他社を圧倒する情報分析能力で世界最大の時価総額企業にのし上がったグーグルはその筆頭です。近年世界の名だたる企業が人工知能関連会社への投資や研究所の設立を相次いでいます。グーグル、ＩＢＭ、フェイスブック、百度、トヨタ自動車などです。その中で先鋒を走っていると言われているグーグルの自動運転車の人工知能に対し２０１６年２月に米国運輸省は運転手であると認める見解を示しました。もちろん私達が自動運転車でドライブできるようになるにはインフラやセキュリティー、法的整備など多くのハードルがあるでしょう。自動運転車や医療診断ロボットなど私達が人工知能と共に生活する社会になるには前提条件が必要になります。それは、業界や省庁や国などの垣根を越えた連携やルール作り、そして、ある程度の技術の共有も含めたある意味開かれた世界となることです。

それとはまったく違う閉ざされた世界で人工知能の研究開発が進められているのがヘッジファンド業界です。世界中の金持ちから投資資金を集めるヘッジファンド業界は、５０００近いファンドがあるとされ、大規模なヘッジファンドは、数十兆円前後の資産を運用して1年に数兆円、あるいはもっとたくさんのリターンをあげます。これは何十万人もの従業員を擁する世界的な大企業をも凌駕するような利益ですが、ヘッジファンドは数十人からせいぜい1000人程度のスタッフで運営されます。

このようなヘッジファンド業界の頂点に立つ世界最大のファンドの1つがブリッジウォーターという名前で、創始者のレイ・ダリオ氏は金持ちランキング・リストに載らない影の世界一の金持ちではないかと噂される人物です。世界の金持ちはアメリカの『フォーブス』紙でランキング付けされますが、ヘッジファンドへの投資分はカウントされないので、ダリオ氏はリストに載らないのです。

このブリッジウォーターは2012年にIBMのワトソンという人工知能の開発チームを率いたデービッド・フェルッチ氏を引き抜きました。IBMのワトソンについては、最近は日本でも盛んに宣伝されているので読者もご存知だと思います。ワトソンはアメリカの人気クイズ番組で2人のチャンピオンに圧勝するなど、数々の驚くべき実績を上げて有名になりました。IBMによると「コンピュータでありながら、人と同じように情報から学び、経験から学習するコグニティブ・テクノロジー」だそうです。ワトソンは英語の質問の意味を理解し、データに蓄えられた大量の情報の中から最適な答えを導くことができるのです。

世界最高峰の人工知能であるワトソンを開発したフェルッチ氏は、世界一の金持ちと噂されるダリオ氏に引き抜かれ、今度は人工知能の技術でお金の運用にあたるわけです。フェルッチ氏がどのような条件で引き抜かれたのかは知りませんが、筆者をはじめ多くの方にはまったく想像もつかないような厚遇であることは間違いないでしょう。ダリオ氏は人工知能を使って経済事象の因果関係を解明し、GPSのように投資の意思決定のガイド役にしたいと語っていますが、その具体的な手法については今後もほとんど公表されることはないでしょう。ヘッジファンド業界が利用するテクノロジーの特徴は、それが徹底的に秘密のベールに包まれていることです。ヘッジファンド業界においてはパフォーマンスや大雑把な手法以外の情報を公表してライバルたちに知れ渡ることによるメリットは何もないのです。手の内を見せては勝ち残れない業界だからです。

## 動き始めた伝説的ヘッジファンド

ヘッジファンド業界には、ブリッジウォーターの人工知能利用以外にも人間の勘や経験に頼らない運用をするところはいくつもあります。その代表的な存在の1つが、業界最高のパフォーマンスを誇る秘密のベールに包まれたルネッサンス・テクノロジーズ（以下、ルネッサンス）というファンドです。ルネッサンスは、著名な数学者であるとともに暗号解読の専門家であるジェームズ・シモンズが1982年に設立したファンドで、数学、物理やコンピュータ技術に関する超一流の研究者ばかりを集めた大変異色なファンドです。また、ルネッサンスは数兆円の資産を運用する巨大ヘッジファンドでありながら、その主力のファンドは90年代の前半から外部の資金を受け付けず、従業員の資金を中心に運用しています。

ルネッサンスにはさらにもう1つの特徴があり、それは運用手法を見事なまでに秘密のベールに包みこんでいるということです。これは、外部の資金を受け入れていないという事情もありますが、それだけではなく従業員の転職などによる情報漏えいにも徹底的に気を遣い、ルネッサンスが儲ける秘密を漏らさないようにしているようです。

そうは言ってもルネッサンスの投資戦略について、断片的な情報は漏れ聞こえることもあります。そうしたさまざまな情報によれば、ルネッサンスの戦略は取得可能なあらゆるデータを分析して、市場変動のパターンを洗い出し、短期的な市場の動きなどを予想し、コンピュータで高い勝率の戦略を割り出し実行するというものです。つまり、人間のファンド・マネージャーが意思決定をするのではなく、コンピュータ・アルゴリズムによるトレード戦略です。ルネッサンスが採用する人材はトレーダーや経済学者ではなく、市場変動のパターンを洗い出し、取引をスムーズに実行するコンピュータのアルゴリズムを構築する能力に関する超一流の研究者ばかりです。そして、そのルネッサンスが近年特にフォーカスしているのは深層学習など人工知能を使った取引であり、一流の人材を獲得していると言われます。これは市場のパターンを洗い出すルネッサンスの戦略からすれば当然の方向性です。このように閉ざされた世界で独自に人工知能の研究開発を進めている世界が金融界に存在するのです。

## 金融とテクノロジーの表舞台と裏舞台

さて、2つのスーパー・ヘッジファンドの話題を取り上げましたが、他のいくつかの数理的運用に強いヘッジファンドも、近年、ＩＢＭやグーグルなどから世界のトップ級の人工知能の研究者を引き抜きする動きを加速させています。つまり、金融界における最高のテクノロジーはメディアにもしばしば取り上げられることが増えたフィンテックという表舞台ではなく、秘密のベールに包まれた裏舞台で使われることが多いということです。

実際、最近の金融市場はすでにロボットだらけになっているのですが、そうしたロボットについて具体的な報道がされることはまずないのです。ロボットが闊歩しているのは株式市場だけでなく、為替市場や原油などの先物市場も同様です。市場のロボットの所有者はさまざまであり、ヘッジファンドかもしれませんし、ウォール街の投資銀行の場合もあり、または小さなベンチャー企業の場合もあります。

実は、市場がロボットだらけであることを世に知らしめた貴重で重要な事件がありました。読者はご存知でしょうか。それは2010年5月6日の午後にアメリカの株式市場を突然襲ったフラッシュ・クラッシュです。フラッシュ・クラッシュはたった30分ほどの間に、株式相場が10%近い急落と急回復をした出来事です。フラッシュ・クラッシュについては次章で詳しく説明しますが、この事件は、ナノ秒（＝10億分の1秒）単位という想像もできないようなスピードを使って着実に利益を上げる超高速ロボ・トレーダーが主役となったものです。金融市場のロボ・トレーダーにはさまざまな種類がありますが、超高速ロボ・トレーダーは信じられないような速さを武器に、さまざまな取引戦略を実行します。マイケル・ルイスが2014年に出版した『フラッシュ・ボーイズ』（Lewis〔2014〕）という本は、話題に上ったのでご存知の読者も多いと思います。『フラッシュ・ボーイズ』で描かれた超高速ロボ・トレーダーの取引戦略は先回りです。これは、アメリカには10以上の証券取引所が存在することを利用して、顧客が注文を送信してから各取引所に実際にその注文が届くまでのわずかな時間差を利用して、確実に安く買って高く売る手法です。

実は2010年の時点までに、アメリカの株式市場の6～7割の取引はこのような超高速ロボ・トレーダーによって担われていました。どうしてそのような事態になったかは、次章以降で説明していきますが、日本や欧州も市場を闊歩するロボットは急増しつつあります。

## 金融のロボット化に後れをとる日本

さてここまで、金融界の表舞台のフィンテックや裏舞台のヘッジファンドの活動によって、金融業や金融市場のあり方が根本的に変わりつつあることを駆け足で説明してきました。では、日本の現状はどうなのでしょうか。

日本は、幸か不幸か、ヒト型ロボットを除いて、金融のロボット化やロボットが活躍する環境づくりに大きな後れをとっています。たとえば、市場にはメード・イン・ジャパンの優秀なロボットはほとんどいないようです。東京証券取引所は2010年にアローヘッドという超高速ロボ・トレーダーが取引可能なプラットフォームを導入し、今や東京証券取引所でもロボットは闊歩しています。しかしながら、それらのロボットのほとんどは、アメリカなどから上陸したものであるといわれています。

また、日本は金融業をシステマチックに運営するという面でも後れをとっています。たとえば、銀行が必要なくなる可能性を秘めたレンディング・クラブのビジネス・モデルを日本に持ち込むことは簡単ではありません。なぜならば、日本にはアメリカのクレジット・スコアのような個人の信用リスクを計測する信頼のおけるシステムが存在しない上に、既存の金融機関以外では融資金の回収を行うサービシングの能力に欠けるからです。アメリカは1970年代から証券化のビジネスなどを通じて、ローンを市場で売買して管理するためのシステムや法制度が整っていたのです。アメリカやイギリスでは個人や企業の信用リスクの分析にビッグデータを利用するような時代も射程に入っています。

このように、製造業のロボット化やヒト型ロボットの導入は進んでいる日本ですが、金融業の革新的な部分におけるロボット化についてはとても遅れているのです。これは、長いこと日本の大手金融機関に勤務した経験のある筆者の実感でもあります。もしかすると戦後の長きにわたって続いた「護送船団方式」という親方日の丸の文化があまりにも色濃くしみついている影響かもしれません。とにかく、ビジネスのシステムにおいて何か革新を起こすという発想がほとんどなく、昔からの枠組みの中での競争を好む文化があります。

このように、金融のロボット化に大きな後れをとった日本ですが、世界の金融界のロボット化は待っていてはくれません。まず、金融市場にはほとんど国境はありません。株式や為替の市場では、外国産のロボットたちの存在を無視するわけにはいきません。信用リスクの分析などの他の業務では、外国産のロボットが上陸することには多少のハードルがあるかもしれませんが、最終的には時間の問題と考えた方がよいでしょう。

## 金融業のロボット化はどこまで進むのか

近年のテクノロジー競争によって、世界の金融機関の将来像はどうなるのでしょうか。正直なところ、筆者にはそれを予言するだけの能力はありませんが、次章以降で金融とロボットの関係をもう少し掘り下げていくことによって、この問題を読者と共に考えることはできると思います。

ここでヒントになる情報もお伝えします。読者の中には、オックスフォード大学のマイケル・オズボーン准教授が同僚のカール・フレイ氏とともに2013年に発表した論文「雇用の未来」において、将来ロボットに取って代わられる職業となくならない職業について確率的な予想をしたことをご記憶ではないでしょうか。

このオズボーン氏の先見の明に溢れたリストはいまでもしばしば引用されます。その中で、金融の立ち位置は極めて明確です。なくならない仕事の上位50に金融関連の仕事が1つも含まれない一方で、消滅する確率の高い職業の上位50の中に、金融関連の仕事が10近くもリスト・アップされているのです。消滅が予想されるのはたとえば、保険の査定、保険金請求の事務員、証券ブローカーの事務員、融資係、テラー、クレジット・アナリスト、クレジット承認やチェックの仕事などです。ちなみに、オズボーン氏の予想時点では、深層学習など最新の人工知能技術への期待はさほど織り込まれていなかった可能性があり、こうした材料も考慮すると、ロボット化可能な仕事はさらに増えるかもしれません。

いずれにしても、金融業務は、お金、財務指標、市場価格、経済統計といった数字ばかりで成り立っている商売であることを考えれば、ロボットやビッグデータ分析に対する親和性の高さは想像に難くありません。今後もロボット化がさらに進むこと自体にはまったく疑問の余地がなく、残された問題は人間にはどんな仕事が残されるのか、また人間でなければできない新たな仕事が生まれるのかということだと思われます。

スーパー・ヘッジファンドの超強力なロボ・トレーダーが金融市場の姿をどのように変えていくのかは、さらに想像することは容易ではありません。しかしながら、恐らく間違いがないことは、多くの取引手法において、現在より遥かに優秀な人工知能を備えた超高速ロボ・トレーダーが数多く登場することです。したがって、人間トレーダーの全体的なパフォーマンスは、少なくとも確率的には悪化することは不可避でしょう。そのような時代の到来は、間近に迫っているのです。

# Chap. 01

# 金融市場はロボ・トレーダーだらけ

## 2010年5月6日午後2時32分：フラッシュ・クラッシュ

2010年5月6日の午後2時32分、アメリカの株式市場は突然激しい下落に見舞われました。下落のスピードはみるみる加速し、取引量が急拡大しながらあっという間に信じられないような大幅下落となりました。特に2時41分からのたった4分間ほどの間にはダウ平均など主要な指数価格は6％ほど下落して、前日の終値からの下落幅は何と10％前後に達しました。そして、驚くべきことにその後20分間ほどで株価は急速に回復し、3時過ぎにはほぼ下落前の水準に戻したのです。つまり、たったの30分超の間に信じられないような速度で下落と回復が完結したのです。この日のダウ平均の日中の下げ幅は988ドルを超え(図1・1)、これはリーマン・ショック後の混乱期にもなかった過去最大の下げ幅でした。

一部の個別銘柄のパニックはさらに激甚でした。洗剤などの日用品で有名な世界最大の一般消費財メーカーであるプロクター・アンド・ギャンブル(P&G)の株価の下落幅は、一時40%近くに及びました。P&Gの時価総額はトヨタ自動車のそれより大きく、P&G一社だけで5兆円以上の時価総額が吹っ飛んだ計算になります。それも文字通り瞬時に吹っ飛んだのです。P&Gの株を大量に保有する投資家は、頭の中が真っ白になるだけで何もできなかったことでしょう。

いったい全体、何が起こったのでしょうか。当時は、欧州でギリシャの財政問題が懸念され始めた時期で、ギリシャはデフォルトするのではないかともささやかれだしていました。思い当たるような理由としてはギリシャ問題に関する噂ぐらいしかなかったので、トレーダーたちは目の前の出来事を説明するニュースを必死に探しました。しかし、どこを見てもギリシャ問題に関する新しく重大なニュースはありませんでした。トレーダーたちは「信じられない」とつぶやくしかなかったと思われます。

この日の値動きがどれほど尋常でないものだったかを簡単に説明しましょう。21世紀に

図1.1 ■ フラッシュ・クラッシュ時のダウ平均株価の値動き

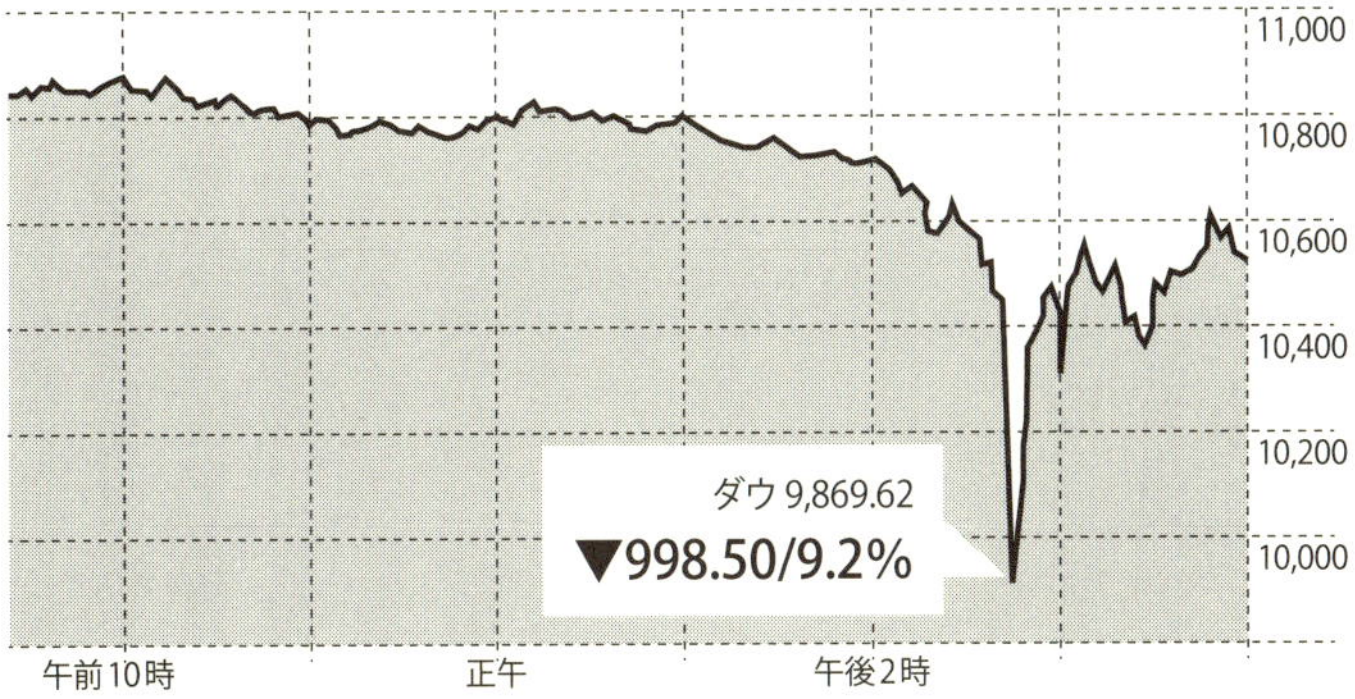


（出所）CNN Money.com, http://money.cnn.com/2010/10/01/markets/SEC_CFTC_flash_crash/

なってから、日経平均の1日の変動率の最大値を記録したのはリーマン・ショックの翌月の2008年10月16日です。この日の下落は、世界的な株価の暴落期のまっただなかに記録したものですが、下落率は11・41％でした。リーマン・ショック後の大暴落は筆者も今でも鮮明に記憶していますが、本当にパニックとしか表現できない雰囲気でした。それに対し、2010年5月6日の異常事態では、ほぼ同じ規模の暴落と急回復はたったの30分超で完結したのです。打ち合わせのために席を外した投資家はこの異常事態が起こったことにまったく気がつかなかったかもしれません。いえ、株式の画面をじっと見ていた多くのトレーダーにとっても、目の前で起こっている出来事がまったく理解できず、現実の出来事ではなく夢でも見ているのかと疑ったと思われます。
この日の出来事は、まるで光が点滅する間に起こったような急落であったため、すぐに「フラッシュ・クラッシュ」という名前が付けられました。

## アルゴリズム取引とは何か?

フラッシュ・クラッシュの後、最初に疑われた原因の1つに誤発注がありました。大暴落したP&G株について誰かが巨額の成り行き売りの注文を誤って送信したのではないかと疑われたのです。これは当時としては自然な発想でしたが、この疑いはすぐに解消されます。P&Gの株価の動きを調べると下落はS&P500というアメリカの代表的な株式指数の先物(S&Pミニ)の下落より後に起きていたことがわかったからです。それに、フラッシュ・クラッシュは、1つの銘柄の誤発注が引き起こした事件としてはあまりにも破壊的でした。

もう1つ、市場関係者の間でささやかれたのは、アルゴリズム取引の関与です。アルゴリズム取引とは、コンピュータのアルゴリズムを何らかの形で利用して、株や為替などの取引を行うことです。コンピュータが算出する数値を利用した取引は1970年代頃から登場しており、初期のアルゴリズム取引は、プログラム取引などと呼ばれていました。

読者は1987年のブラック・マンデーというアメリカの株が暴落した事件をご存知でしょうか。この暴落の原因になったのが、ポートフォリオ・インシュランスと呼ばれるオプション理論を応用した戦略です。ポートフォリオ・インシュランスは、株価が下落した場合に、ポートフォリオの価値を維持するためにオプション理論で計算される量のヘッジ売りを行うという戦略です。このときは実際に売りの注文を出すのは人間でしたが、売るべき株の数量はオプションの評価式を使って機械的に計算されます。これが、アルゴリズム取引の先駆的な形態ですが、当時のコンピュータ・プログラムは売買の指示を出すだけで、実際の執行は人間が行っていました。

しかしながら、近年のアルゴリズム取引は、80年代ほどのどかなものではありません。コンピュータ・アルゴリズムを使う優位性はまず取引の執行にあります。近年の証券取引所や為替市場の取引のほとんどは完全に電子化されていて、そこではコンピュータが取引の執行をしたほうが、人間が執行するより遥かに迅速かつ有利に取引を終えることができます。特に、取引のサイズが大きい場合は、注文先やタイミングを賢く分散する必要があるのでアルゴリズム取引が威力を発揮するのです。

そして、近年のアルゴリズム取引はもう一種類あります。それは取引の執行だけでなく取引の意思決定も同時に行うものです。つまり、人間が関与することなしにコンピュータが自動的に判断と実行の両方をするのです。本書ではこのタイプのアルゴリズム取引をす

表1.1 ■ 近年のアルゴリズム取引のおおまかな分類

| | |
|---|---|
| 取引執行ロボ | 取引の意思決定は人間が行うが、実際の市場への発注などをコンピュータのアルゴリズムが行うもの。 |
| ロボ・トレーダー | 取引の意思決定と取引執行の両方をコンピュータのアルゴリズムが行うもの。 |

るマシーンをロボ・トレーダーと呼ぶことにします（表1・1）。

ロボ・トレーダーの戦略は、具体的には後で説明しますが、実にさまざまです。こうした取引の目的は、儲けること、パフォーマンスを上げることなので、それを可能にさせると期待できる戦略であれば何でもよいのです。

さて、誤発注では説明がつかなかったフラッシュ・クラッシュは、このようなアルゴリズム取引が、何らかの形で引き起こしたのではないかという疑いが生まれたわけです。

## 犯人は超高速ロボ・トレーダーだった

事件から5ヵ月近く経過した2010年9月末、アメリカの証券取引の監視をするSECという監督当局はフラッシュ・クラッシュを調査したレポート（SECレポート）を発表しました。SECレポートは、フラッシュ・クラッシュの引き金を引いたのは大手投資家がS&Pというアメリカの代表的な株式指数の先物取引市場に異例の大口の売り注文を出したことであり、そこから下落を

**図1.2 ■ アメリカの株式市場におけるアルゴリズム取引のシェアの推移**

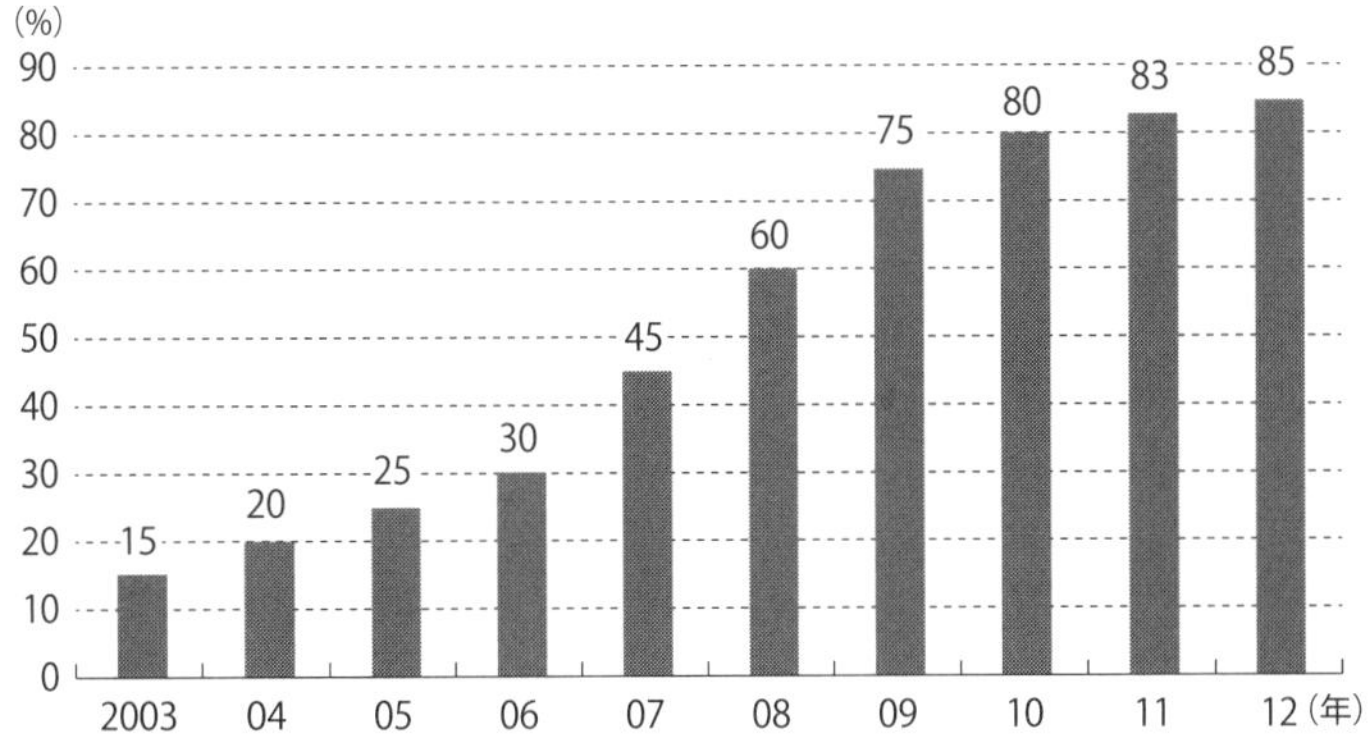


(出所) Glantz and Kissell (2013)

異常に加速させた大きな要因として超高速取引（HFT）と呼ばれる取引が大きな役割を果たしたことを明らかにしました。

超高速取引とはいったいなんでしょうか。これはアルゴリズムが自分で投資判断を行うロボ・トレーダーの一種です。一般的にロボ・トレーダーは人間のトレーダーより遥かに速く行動できますが、超高速取引はロボ・トレーダーの中でも特別なスピード狂のロボットが行う取引に付けられた名前です。本書では超高速取引を行うロボットを超高速ロボ・トレーダーと呼ぶことにします。

超高速ロボ・トレーダーは21世紀になって登場した新種のロボ・トレーダーです。もちろん、超高速ロボ・トレーダーの登場の背景には、その圧倒的なスピードを武器に市場で儲けようとする魂胆があります。そして、スピードを上げるためにはアルゴリズムの設計はもちろん、取引所のシステムと接続する回線、ハードやソフトウェアなどを磨き上げ、あらゆる手段を導入して、常識では考えられないほどのスピードを実現したのです。

そのスピードがどのくらい速いかというと、1ミリ秒（＝千分の1秒）より短い単位であることはもはや常識で、最近では数百ナノ秒（1ナノ秒＝10億分の1秒）単位の争いになっているといいます。つまり、1マイクロ秒（＝100万分の1秒）を切る時間の争いです。100万分の1秒といってもあまりピンとこないかもしれないので、もう少しわかりやすく比較しましょう。1日は24時間、1時間は60分、1分は60秒ですから、1日は8万6400秒（＝24×60×60）です。したがって、100万分の1秒と1秒の違いは、1秒と11・6日ほどの違いになります。数百ナノ秒で取引の判断と実行をする超高速ロボ・トレーダーにとって、数秒単位で思考する人間は、動物と植物ぐらいの敏捷性の違いがあるのです。

SECレポートでは、大手の機関投資家の取引執行ロボによって巨額の売りが執行されたことがきっかけになり、当初はその売りの買い手となっていた超高速ロボ・トレーダーたちが、一転して超高速の売りを浴びせたことが、フラッシュ・クラッシュを招いたと結論付けました。SECレポートの、たった1つのオーダーが急落の引き金を引いたという結論はばかげているという反論が出ましたが、いずれにしても、目にも止まらぬ間の乱高下に人間の意志はほとんど関与する余地もなく、超高速ロボ・トレーダーの大きな関与は誰の目にも明らかでした。

このフラッシュ・クラッシュは世界中の市場関係者に新たな時代の到来を印象付けるものでした。

## 『フラッシュ・ボーイズ』で描かれた先回り取引

今となっては信じられない話ですが、今からたった十数年前までの証券取引所はのどかな世界でした。設立時から電子取引が専門だったナスダックなどの例外的な取引所を除き、世界中の証券取引所では、広いフロアにたくさんの場立《ばた》ちと呼ばれる売買処理をするブローカーが陣取っていました。かれらは、野球のブロック・サインのような手サインによって売買を執行していたのです。筆者もイギリス人で元同僚の友人の場立ちの案内で90年代のロンドンのLIFFE（「ライフ」と読みます）という有名な金融先物取引所を見学したことがあります。当時の取引所のフロアには、ブローカーである場立ち以外にも「ローカル」と呼ばれるフロア・トレーダーがいて、自分自身のアカウントで積極的に売買を行っていました。フロアの人間トレーダーであるローカルは相場の雰囲気を肌身で感じながら取引し、彼らは相場の動きに大きな影響を与えました。取引所のフロアはとても人間くさい場所だったのです。取引所の完全電子化に伴って、こうしたフロアの光景が消えたのは、東京証券取引所は1999年、ニューヨーク証券取引所（NYSE）は2007年になってからです。

しかし、ニューヨークの取引所からフロアが消えてからわずか数年後には世界中の証券取引所は大変身していました。電子取引のスピード競争はとんでもないレベルに達していたのです。これは取引所間の競争によって、超高速取引が可能になるような電子取引のインフラの整備が進んだことも大きく関係します。2010年に起こったフラッシュ・クラッシュは、市場関係者に超高速ロボ・トレーダーの存在感を示すことになりましたが、実際には、超高速ロボ・トレーダー達の取引量は、この時までにアメリカの株式市場で6〜7割程度を占めるようになっていました。

では、なぜ超高速ロボ・トレーダーは大増殖を遂げたのでしょうか。そのカラクリを明らかにして、超高速ロボ・トレーダーの存在を一般の人々にまで知らしめたのが、2014年に発行されたマイケル・ルイスのベストセラー『フラッシュ・ボーイズ』です。この本は同じ年に日本語にも訳され話題になりました。『フラッシュ・ボーイズ』で描かれたアメリカの株式市場の実態は世界中に衝撃を与えましたが、衝撃的な取引手法は「先回り」です(図1・3)。超高速ロボ・トレーダー達は磨きに磨きをかけたスピードで、一般の投資家がまったく気づかないうちに、上前をはねることにも使われるのです。

『フラッシュ・ボーイズ』で具体的に示された先回りの手法の1つは、アメリカには10以

図1.3■超高速ロボ・トレーダーの先回り

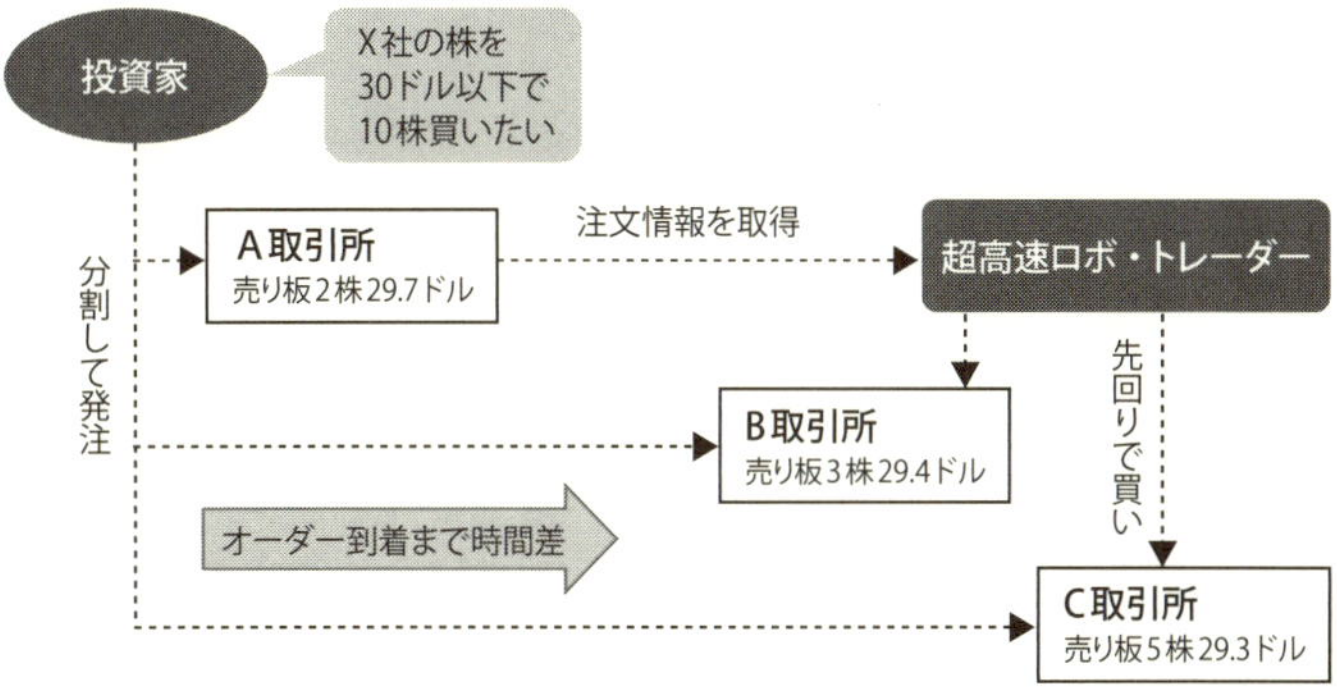


上の証券取引所が存在するために、顧客が注文を送信してから各取引所に実際にその注文が届くまでのわずかな時間差が発生することを利用して、確実に安く買って高く売る手法です。顧客の注文を執行する証券会社には、全米の取引所の中から最も良い条件で執行する義務（これを最良執行義務といいます）があります。その結果、ある程度まとまったサイズの注文の場合は、複数の証券取引所に小口に分割した発注が必要となるケースが多いのです。先回りをする超高速ロボ・トレーダーは、分割され送信された注文の中で、最初に取引所に到達した注文情報をもとに、微妙に遅れたタイミングで別の取引所に届く注文を予想して、先回りしてそこにあった注文をテイクし微妙に悪い別の価格提示に置き換えるのです。

こうして、分割して出された投資家の注文は、注文時に提示されていた価格より微妙に不利な価格で執行されることになり、事実上は上前をはねられたことになるのです。ただし、ひとつひとつの取引から得られる利益はさほど大きくないので、よほど注意深い投資家でなければ気が付かないかもしれません。超高速ロボ・トレーダーはこうした取引を無数に繰返すことによって大きな利益を上げるのです。証券取引にはフロントランニングという違法行為がありますが、この超高速ロボ・トレーダーのスピードを生かした先回りは現在の法律には触れません。

## 超高速ロボ・トレーダーの取引戦略

『フラッシュ・ボーイズ』で描かれた先回り取引は裁定取引と呼ばれる戦略の一種です。裁定取引とは、市場に一時的に何らかの歪みが発生したチャンスを利用して、無リスク（またはほぼ無リスク）で安く買い、高く売る戦略です。歪みが発生するのは、1つの銘柄の場合もあるし、非常に性質の似た別の商品間のこともあります。『フラッシュ・ボーイズ』で登場した先回りは、複数の取引所へオーダーが到着する時間に差があることによって生まれる一瞬の市場の歪みを利用した裁定取引です。このように、取引注文の到達速度の差を利用し、足回りの遅い注文をカモにした裁定取引をローレイテンシー（低遅延時間）取引といいます。

金融理論は、確実に儲かる裁定行為はできないという建前の上に成り立っています。しかし、現実には時として、先回りのチャンス以外にも、さまざまな裁定の機会が発生します。裁定取引の古典的なパターンは、株式の先物取引と現物取引の動くタイミングの差を利用するものです。たとえば日経平均株価は225種類の現物株式の価格を使って算出されますが、現物の株価から算出される指数と、日経平均の先物取引の価格はしばしば乖離することがあります。読者は、相場が大きく動いた場合にニュースなどで「先物主導」という言葉が使われることはご記憶にないでしょうか。相場が大きく変動し始めた場合には、多数の現物株の取引を瞬時に行うことは簡単でないので、先物に取引が集中しやすいのです。先物主導の相場では先物が先行して動くので、現物株との価格の乖離が生まれます。こうしたチャンスが生まれた場合に、超高速で多数の現物銘柄を瞬時に取引することができれば、一瞬のチャンスをものにして利益を上げることができます。

同じように、オプション取引と先物価格の間にも裁定機会がしばしば発生します。たとえば日経平均のオプション価格は先物価格に連動しますが、人間のトレーダーや鈍足のロボ・トレーダーは先物価格の変動に対応して瞬時にオプションの提示価格を変えることができません。こうした状況に、一番速く判断し一番早く行動できる超高速ロボ・トレーダーはこのチャンスを確実にものにすることができるのです。ただし、オプションにはボラティリティというオプション特有のファクターもあるので、オプション市場の裁定を成功させるには、このファクターの変動を上手く調整する必要があります。つまりオプション取引の裁定の判断は少しばかり上級コースなのです。

超高速ロボ・トレーダーの取引戦略は裁定取引以外にもさまざまなものがあります。簡単に表1・2に整理しました。

## マーケットメイクが超高速ロボ・トレーダーの主要な戦略

先回りはセンセーショナルなので話題になりましたが、超高速ロボ・トレーダーを操る業者の主要な戦略はマーケットメイクという手法です。マーケットメイクとは、市場の動きに連動して継続的に売りと買いの価格提示をする戦略です。

市場の売り値と買い値にはビッド・アスクと呼ばれる価格差（スプレッド）がありますが、マーケットメイク戦略は、価格の提示を続けることによって、ビッド・アスクのスプレッドを享受しようという戦略です。さらにアメリカの一部の取引場はマーケットメーカーに手数料を支払うところがあり、その手数料を狙ったアプローチもあります。

さて、マーケットメイクの戦略は、相場の変動がなければ比較的簡単ですが、実際には市場は複雑な動きをするので、下手をすれば大きな損失を被ります。マーケットメイクする超高速ロボ・トレーダーは基本的には短期的な値動きの予想に長けていなければいけません。ロボたちがほぼ共通して利用する市場の性質に「平均回帰」という特性があります。

**表1.2 ■ 超高速ロボ・トレーダーの主な戦略**

| | |
|---|---|
| 裁定取引 | 市場に一時的に何らかの歪みが発生したチャンスを利用して、無リスク（またはほぼ無リスク）で安く買い、高く売る戦略。人間トレーダーや鈍足のロボ・トレーダーの動きが遅いことが原因で、市場に一瞬の裁定チャンスが生まれることがある。超高速ロボ・トレーダーはこのチャンスを逃さずに利益を上げる。超高速のスピードを生かした裁定取引をローレイテンシー（低遅延時間）取引という。 |
| マーケットメイク | 市場の動きに連動して継続的に売りと買いの価格提示をすること。売りと買いの売買幅や、マーケットメーカーに手数料を支払う取引所からの収入をベースにする。対象の株式だけでなく、株式指数の動きなどを瞬時に分析して提示の調整を行う。ポジションの保有時間は極力少なくするのが原則。 |
| イベント戦略 | 経済指標やニュースの発表後の短期的な相場の動きを予想し、超高速取引でポジション・メイクする戦略。市場が遅れて予想通りの反応をすれば、利益を上げることができる。 |
| ティッカー・テープ取引 | 価格の提示履歴（板情報）から、将来の価格提示を予想すること。たとえば大口オーダーの執行には、ある程度継続的に市場にアクセスする必要があるが、そうした注文が出された場合の価格の提示パターンを認識し、先回りして利益を上げる。 |

これは相場の短期的な動きは参加者の売買のインパクトなどで多少の値の上下をしつつ、次の瞬間には（移動平均などの）トレンドに回帰しやすいという特性です。このような特性があるため、一般に数秒以下などの短期の相場の変動の予想は、長期の変動の予想よりも遥かに簡単です。こうした事情があるので、超高速ロボ・トレーダーは短期的な相場の変動を予想しながらマーケットメイクをすることができるのです。

超高速ロボ・トレーダーの別の取引戦略としては、経済指標やニュースの発表後の短期的な相場の動きを予想し、超高速取引でポジション・メイクするような「イベント戦略」と呼ばれるものがあります。これは、経済指標のニュースの内容に応じて、市場がどのように反応するかを予想し、その通りになった場合に利益が出るポジションを瞬時に造成するのです。近年は、ニュースに対する反応をビッグデータと人工知能によって予想するというアプローチも増えています。

超高速ロボ・トレーダーのもう1つの戦略に、ティッカー・テープ取引と呼ばれるものもあります。これは、取引所の板情報、すなわち価格の提示履歴から、将来の価格提示を予想するものです。たとえば、すべてを実行するのにある程度の時間がかかるような大口の売り注文の執行が実行されていることを、取引所の板の推移から読み取ることができれば、しばらくの間は一定の価格水準で売りの注文が断続的に現れ続けることが予想できます。そして、もし大口の売り注文を発見した場合は、先回りしてより有利な価格で売りのポジションを作っておけば、そのポジションを将来現れるであろう大口売りのオーダーにぶつけて利益を上げることができるのです。これらの戦略はどれも、瞬間的な状況判断と、誰よりも先に執行するスピードがカギになるものばかりです。

### 信じられない勝率を誇る超高速取引業者

ここまで超高速ロボ・トレーダーの取引戦略を説明してきましたが、次にこれらのロボ・

トレーダーを操る業者について簡単に説明しましょう。超高速取引を専門的に行う業者には２つの非常に有名な会社があります。１つはゲッコー（GETCO）、もう１つはバーチュ・ファイナンシャル（Virtu Financial）という会社です。両社とも超高速ロボ・トレーダーによるマーケットメイクを主要な戦略にしているとされています。そして、両社ともに東京証券取引所でも超高速ロボ・トレーダーを使って活発に取引をしています。

ゲッコーは非上場で公表されている情報は多くありませんが、超高速取引の最大手であり世界の50以上の取引所でビジネスを展開し、その多くで上位の取引シェアを占めるとされます。特に、アメリカでの株式市場のシェアは高く、全体の１割や２割を占めることも珍しくないようです。一方のバーチュは２０１５年に上場を果たしたので、活動や収益の状況はある程度公表されていて、２０１５年のトレード収入は５億ドルを超えています。

ゲッコーやバーチュのような有力な超高速取引業者の特徴は驚くほどの勝率で利益を上げることです。バーチュは当初２０１４年に上場を予定して、資料を公表しましたが、その資料によれば、２００９年から２０１３年までの５年間に取引を行った１２３８日のうち損失が出たのはたった１日だけでした。つまり日次の勝率99・９％以上です。バーチュは、この異様に安定した利益が出る理由として、世界30ヵ国の２００を超える（公設・私設の）取引所で１万銘柄以上の証券の価格の提示をしているからだと説明しています。つまり、ひとつひとつの取引は勝つことも負けることもあるかもしれないが、毎日大量の取引をするので確率論でいう大数の法則が働き、勝率の良さが毎日の結果に反映されるというのです。ちなみにバーチュは東京証券取引所での活動も主要な収益源の1つにしています。このバーチュの信じられないような勝率は、2014年の『フラッシュ・ボーイズ』の発行によって、驚くべき安定的な利益の裏には先回り取引のようなカラクリもあることを連想させました。その結果、バーチュの上場は翌年まで延期されました。

ゲッコーやバーチュは超高速業者の代表格でありますが、超高速ロボ・トレーダーを操るのは彼らだけではありません。一部のヘッジファンドや投資銀行も含まれますが、この話はまた後ほど説明することにしましょう。

## 為替市場もロボ・トレーダーだらけ

超高速ロボ・トレーダーが闊歩するのは株式市場だけではありません。為替市場や、原油の先物市場など流動性が高い取引市場は彼らの絶好の活躍の場です。特にドル円など主要通貨の為替市場は世界で最も流動性の高い金融市場です。

現在の為替市場の特徴は、電子取引ネットワーク（ＥＣＮ）と呼ばれる私設の取引所が市場取引のメインのプラットフォームになっていることです。ご存知のように、為替取引は元来、東京証券取引所のような取引所を通じて取引きするのでなく、たとえば金融機関と顧客は直接取引をしますし、金融機関同士はブローカーを通じた取引が主流でした。近年は、多数のECNが設立され、そこでの電子取引が為替取引の主な舞台となるのです。ECNには、ベンチャー企業が作ったものや、大手銀行やブローカーが主導のECNなどいくつかのパターンがありますが、ベンチャー企業が作って成功したECNの多くは大手の企業に買収されています。具体的には、現在はアメリカの金融大手ステート・ストリートの子会社であるカレネックス（Currenex）、アメリカのBATS取引所が買収したホットスポットFXなどが有力なECNの例です。

電子取引の私設取引所ECNの整備が進んだのは2000年代に入ってからですが、取引環境の整備を受けて、それまで銀行などが主導権を握っていた為替市場に、超高速ロボ・トレーダーを利用した超高速取引業者やヘッジファンドなどが参入してきました。具体的には先ほど説明したゲッコーやあとで説明するシタデルというヘッジファンドが含まれます。実は、超高速ロボ・トレーダーの分野において、ウォール街の大手金融機関などは後れをとっていました。というのも、巨大組織である大手の金融機関には従前から利用してきた巨大なシステムがあるのです。このような、設計思想が古いシステムをレガシー・システムと呼びます。多様な業務に対応するレガシー・システムを抱えた大手の金融機関にとって、超高速ロボ・トレーダーを作り上げて業務に組み込むことは容易なことではなかったのです。

**図1.4 ■ 2000年代以降の為替の電子取引市場**

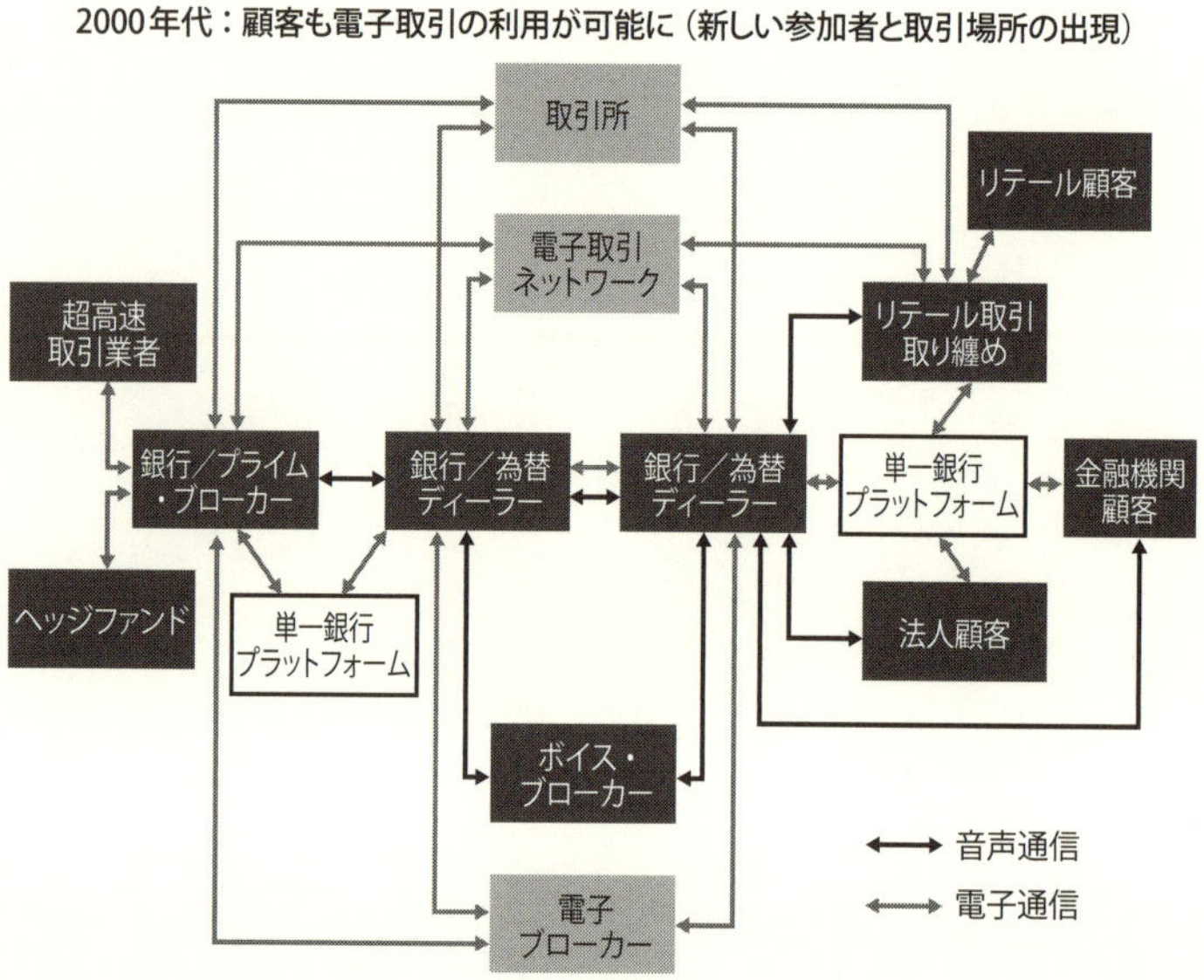


（出所）Bank of International Settlements（2011）

こうした状況での、為替取引のECNにおいて、しばらくの間、大手金融機関はヘッジファンドの超高速ロボ・トレーダーに翻弄されるような状態もあったといいます。しかし、状況に危機感を持った大手の金融機関の一部は、何とか超高速ロボ・トレーダーを稼働させる状態になり、現在では有力なECNには、ヘッジファンドなどの超高速ロボ・トレーダーと銀行のその類いが同居しているような状況のようです。

読者の中にもFX取引をなさる方がいるかもしれません

**図1.5 ■ 為替の超高速取引の割合**

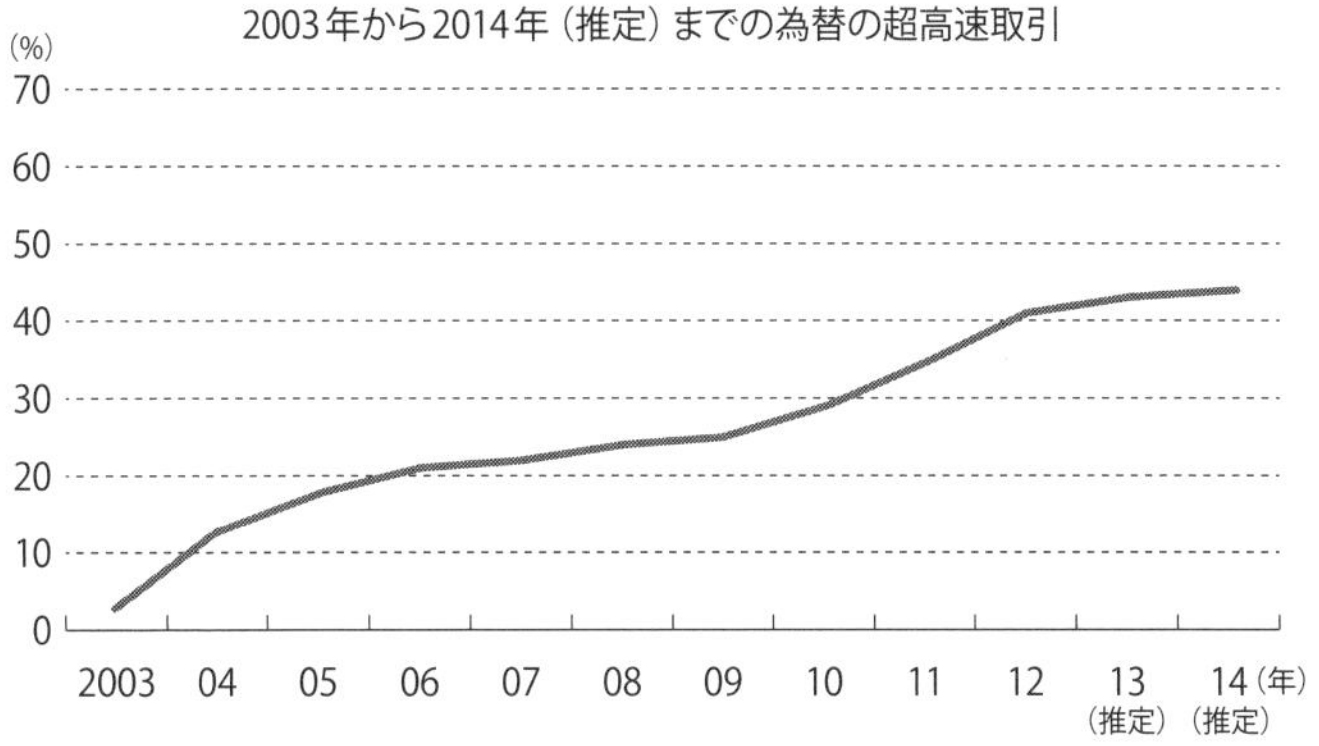


（出所）Aite Group,
https://www.lmax.com/blog/business-and-technology/2013/08/16/high-frequency-trading-accounts-40-fx-trading/

が、FX業者の提示する価格の後ろには、直接または間接的に、超高速ロボ・トレーダーが闊歩するECNにつながっているのです。こうした環境のなかで、人間のスピードで利益を上げる必要があるデイトレーダーはなかなか大変かもしれません。少なくとも、ある程度の入場料のようなものを支払っていると考えたほうがよいでしょう。

## アルゴリズム取引の老舗会社

さて、ここまで、近年の超高速ロボ・トレーダーの活動ぶりを説明してきましたが、ここで少し話を戻して、アルゴリズムを使ったロボット取引の歴史についてもう少し説明します。

1987年のブラック・マンデーがアルゴリズム取引によって引き起こされていたことは、先ほど説明したとおりですが、これとほぼ同じ時期に、アルゴリズム取引をビジネスの柱に据えたあるベンチャー企業が発足しました。その会社の名前はオートメーテッド・トレーディング・デスク（ATD）といい、1988年に設立されています。ATDのビジネス・モデルは当時の最新の人工知能の手法を利用し、株式などの大口の注文を市場に与える影響を最小限に抑えて執行するサービスの提供です。つまり取引執行ロボの先駆的な存在です。

ATDが利用したのはエキスパート・システムと呼ばれる当時盛んに研究されていた人工知能の技術です。エキスパート・システムは70年代スタンフォード大学で開発され、人間の専門家（エキスパート）の知識をベースに、推論機能を適用することで結論を得る手法であり、80年代以降、法律、生産、会計などの分野で応用が進みました。ATDはエキスパート・システムを使って、大量の市場データの分析を行い、超短期の市場の動きを予想することに利用したのです。

市場価格の予想に使われる専門的知識とは、具体的には主にチャート分析などに現れる価格の動きのパターンであり、これはトレーダーたちの長年の経験が反映されたものといえます。ATDはこうした経験的知識をベースに、次の瞬間の相場の動きを予想し、瞬時に取引戦略を立てて実行するのです。そして一連の作業は人間を介さず、ロボットが自動的に行います。ATDは取引執行ロボの先駆的存在といえます。

エキスパート・システムを利用した市場取引は当時盛んに試みられましたが、ＡＴＤは例外的な成功を収め、２００７年にはシティ・グループに約７億ドルで買収されました。買収当時のＡＴＤのシェアはナスダックとＮＹＳＥで６％を占めていたといいます。

## 有名ヘッジファンドによるロボ・マーケットメイク業務への本格参入

現在、ロボットによるマーケットメイク業務にもっとも積極的な会社の１つにシタデル（citadel）という有名なヘッジファンドがあります。シタデルの取り組みの特徴は、株式や為替という お決まりの分野だけでなく、債券や金利スワップなどというそれまで超高速ロボ・トレーダーがほとんどいなかった領域にまで積極的に手を広げていることです。

シタデルは１９９０年に当時ハーバード大学の学生だったケネス・グリフィン氏によって作られました。グリフィン氏の最初の戦略は転換社債の裁定取引という戦略です。ご存知のように転換社債は、社債に株式のコール・オプションが組み込まれた商品ですが、転換社債が内包する株のオプションの評価価値はしばしば極めて割安な水準になります。このような状況の場合、転換社債を購入すると同時に現物株のショート（売り）・ポジションを作ります。すると、高い確率で利益を得ることができるのです。

このように、シタデルは当初からトレーダーの勘や経験ではなく数理的な分析を重んじ

図1.6■ナスダックの売買高、執行スピード、執行クオリティ（2015年7月〜9月）

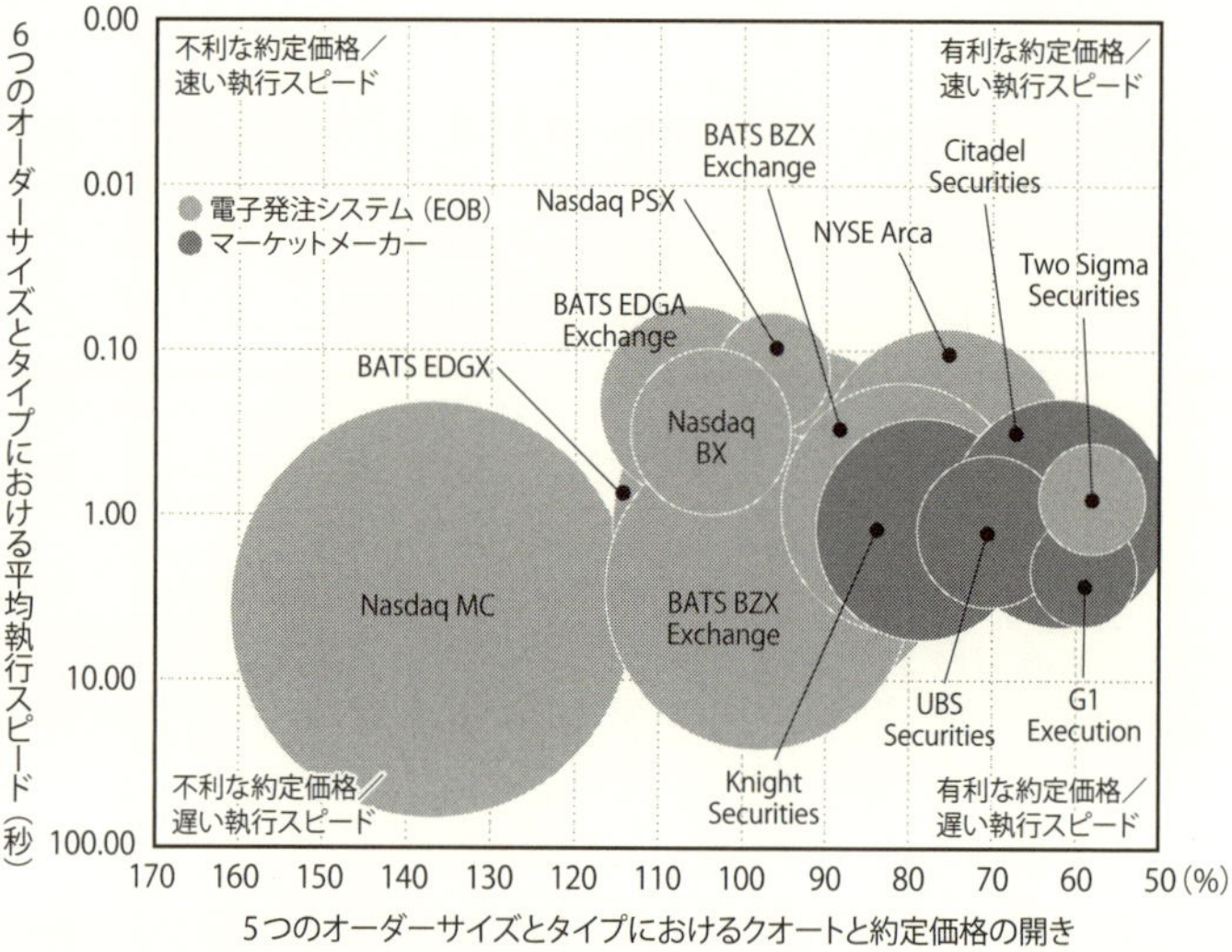


（注）図の中の円の大きさは執行された株式数に比例する。
（出所）セレント、http://www.celent.com/ja/node/34282

るファンドであり、こうしたスタイルをクオンツ・ファンドといいます。クオンツ・ファンドについては、次の章で詳しく説明します。

そのシタデルは2002年にシタデル証券（セキュリティーズ）という子会社を設立しました。当初シタデル証券は、総合的な投資銀行として「次世代のゴールドマン・サックス」になることを目指しますが、2008年のリーマン・ショックの余波を受けてその野望は頓挫します。しかし、そこでへこたれないところが凄いところで、電子取引業務に特化する方向性を打ち出し、古いタイプの投資銀行マンをクビにする一方で、数学、物理やコンピュータ技術の優秀な人材をかき集め始めます。そして、債券や株式市場でのロボットによるマーケットメイク業務を強化したのです。

シタデル証券は、アメリカの株式においては既に大きなシェアを占め、上場株式オプションについては20％のシェアを有しています。また、近年は債券や金利スワップなどのマーケットメイク業務にも力を入れています。金利スワップは一般的には固定金利と変動金利を交換する取引で、長短金利の変動リスクをヘッジする有力な手法として広く利用されている商品です。金利スワップのビジネスに参入したのは2014年のことですが、たった1年後にはブルームバーグが運営するＥＣＮの最大のマーケットメーカーに成長しました。

## リーマン・ショックが変えた世界

シタデルの金利市場における取り組みは、伝統的な金融機関にとって大変に衝撃的な出来事であります。なぜならば、金利スワップや通貨スワップなどは取引所を通じないで行う店頭デリバティブの代表的な商品ですが、店頭デリバティブのマーケットメイクは長い間にわたって銀行や証券会社の専売特許の分野だったからです。店頭デリバティブのマーケットメイクが金融機関の専売特許だったのは、店頭デリバティブには取引相手（カウンターパーティ）の信用力が極めて大事だったからです。金利スワップなどでは10年を超えるような契約も珍しくないのですが、途中で取引相手がデフォルトしてしまうと大きな損失を負う可能性があるのです。

リーマン・ショックまでは大手の金融機関は長期の店頭デリバティブのマーケットメイクを行うのに十分な人材、ノウハウと信用力を有するほぼ唯一の業態であり、一般にリスクが非常に高い業態と見なされているヘッジファンドがマーケットメイクをすることなど、考えられなかったのです。

ところが、リーマン・ショックは金融業界を根本から変えました。根本的に変わった要因はいくつかありますが、金融機関の信用力が以前信じられていたほど頑健なものではないことがわかったことであり、これは読者もご承知のとおりです。そして、もう1つ、これはさらに重要なことですが、リーマン・ショック以降は金融機関の店頭デリバティブ取引についてさまざまな国際的な規制が導入されて、これまでの金融機関の優位性が一挙に失われたからです。

リーマン・ショック後に導入された国際的な規制では、金融機関同士が行う金利スワップ取引などは中央清算機関という取引所に似た機関を介在させることが求められるようになりました。そして、取引をする場合は中央清算機関に担保を差し入れる必要があるのです。これは店頭デリバティブが、取引所で行う先物などの取引と事実上あまり違わない扱いになったことを意味します。つまり、担保さえ差し出せば誰でもできる取引になり、高い信用力という金融機関の（半ば幻想的な）強みがこれまでほどは必要なくなったのです。ハイリスクのヘッジファンド業界のシタデルが金利スワップのマーケットメイク業に乗り出したのはこうした事情があるからです。

## 金融機関が市場の主役ではなくなる日

さて、いかがでしょうか。今日の株式、為替、債券、店頭デリバティブなどの市場には、こんなにもたくさんの超高速ロボ・トレーダーが導入されていて、大きな取引シェアを占めているのです。こうした市場におけるマーケットメイクなど、いわば業者としての役割は長いことウォール街の金融機関や日本のメガバンクや大手証券会社など国際的な金融機関によって担われると同時に、彼らの大きな収益源でもあったのです。そして、ヘッジファンドは以前は金融機関の顧客という立場でした。

しかし、時代は大きく変わりました。時代を変えるきっかけになった要因は主に2つあり、1つは株や為替などの市場が、人間のブローカーを通じて行う時代から、21世紀に入った頃から全面的に電子取引で行われる時代に移行したこと。もう1つはリーマン・ショック後に導入された厳しい金融規制によって、金融機関の店頭デリバティブなどに対する優位性が失われたことです。この2つの要因は、金融機関が市場の主役である理由をほとんど消滅させたかもしれません。特に後者の影響はまだ始まったばかりであり、シタデル証券の華々しい成功は、それに追従して市場の業者としての役割を担おうとするヘッジファンドなどを呼び込むことになるでしょう。

伝統的な金融機関の役割低下の兆候は他の市場にも現れています。読者の方もクレジット・デリバティブ（クレデリ）という名前を聞いたことがあると思います。リーマン・ショックの元凶とされた企業などの信用リスクを移転することができるデリバティブです。リーマン・ショック以降は、クレデリの取引は激減していましたが、最近クレデリの市場がにわかに活気づいているようです。活発な取引の主役は、金融機関ではなく、大手の資産運用会社やヘッジファンドに移行しているようです。

金融市場においては、従前の金融機関が主役の座から追われるという事態は、遠い将来の話ではなく、もはや道半ばまで来ている状態かもしれません。もちろん、既存の金融機関がこれから挽回するというシナリオも考えられますが、その場合は従前のような市場のあり方ではなく有能なロボ・トレーダーの導入という形になるのでしょう。

いずれにしても、今後の市場はますますロボ・トレーダーだらけになることは間違いなさそうです。

Chap. 02

# 今、ヘッジファンドは何を考えているのか?

## 貪欲にリターンを目指すヘッジファンド

前章では、株や為替の市場でマーケットメイクなど業者としての役割を果たす超高速ロボ・トレーダーの話をしました。こうしたロボ・トレーダーは大変頻繁に取引を繰り返すために、「高頻度取引（HFT）」とも呼ばれます。高頻度取引は基本的に薄利で、大量の取引を繰り返すことによって利益を得ます。バーチュ・ファイナンシャルのような超高速取引業者は、毎日大量の取引をこなすことによって、毎日さほど大きな金額でない利益を確実に生んでいるのです。

しかしながら、世の中には、もう少し手間を省いた効率的な方法で、より大きな利益を上げようとする人たちもいます。その代表がヘッジファンド業界です。ヘッジファンドの一部には薄利多売のマーケットメイク業務をするところもありますが、多くのファンドはより貪欲なリターンを目指しています。

ヘッジファンドという言葉には、実は厳密な定義は存在しませんが、少数の金持ちの個人や機関投資家から大口の投資資金を私的に集めて自由に運用するファンドが一般にヘッジファンドと分類されます。私的なファンドという意味は、誰からの資金を預かるかはヘッジファンド自身が決めることであり、運用方法についてもほとんど制約がありません。さらに、多くのヘッジファンドはケイマン諸島などのタックスヘイブンに本拠を置いています。これに対し、一般の公募の投資信託では、各国の監督当局の規制の監督下に置かれ、その運用にはさまざまな規制や報告義務が課されます。

ヘッジファンドと伝統的な投資運用会社の運用方法の違いは、ヘッジファンドは一般に絶対リターンを追求するという点です。これに対して伝統的な資産運用会社は、一般に運用パフォーマンスの株式や債券の指数をベンチマークとして、そのベンチマークより大きいリターンを上げることを目指します。つまり、株が上げ相場の時は指数より大きなリターンを上げること、また株が下げ相場の時は、指数より損失額を小さくすることを目指します。しかし、多くのヘッジファンドは、相場全体の上げ下げに関係なく利益を上げることを目指します。もう少し具体的に言うと、株や債券の買いのポジションだけでなく、空売りのポジションも同時に作り買いポジションをヘッジするというのがヘッジファンドという名前の由来でもあります。

## ヘッジファンドの投資戦略

ヘッジファンドの戦略の分類方法はさまざまですが、表2・1に1つの典型的な分類方法を示します。ヘッジファンドといえば、日本ではジョージ・ソロス氏とジム・ロジャース氏が率いたクォンタム・ファンドがよく知られているのではないでしょうか。

クォンタム・ファンドは、世界のマクロ経済の先行きに対する予想などを材料に、株、為替、債券や商品などの値動きを予想してポジションを造成しますが、このような投資戦略をグローバル・マクロといいます。グローバル・マクロはヘッジファンドの代表的なスタイルであり、大型のヘッジファンドはこの戦略を採用することが多いようです。

20世紀のグローバル・マクロのファンドでは、クォンタム・ファンド、またソロス氏と同じくらい有名だったタイガー・ファンドを率いたジュリアン・ロバートソン氏など、人並み

表2.1 ■ ヘッジファンドの代表的な取引スタイル

| | |
|---|---|
| グローバル・マクロ | 世界のマクロ経済状況などにフォーカスして、株価、為替、債券、商品価格などの値動きに賭けるファンド。ポンドの為替相場に賭けたソロス氏のクォンタム・ファンドなどがその典型。 |
| レラティブ・バリュー | リスクや性質が似ている2つの商品間に価格の差があるとき、割安な一方を買い、割高な他方を空売りするという戦略。 |
| ロング・ショート | 株式のペア・トレード。同じ業種の株の買いと空売りを同時に行って、市場全体の変動ファクターをヘッジする。2つの銘柄間の相対的な価格の変動の見通しがある場合にこうした取引を行う。株を使ったレラティブ・バリュー取引。 |
| 転換社債裁定 | 転換社債に組み込まれている株のコール・オプションの価値がしばしば割安になることを利用した戦略。 |
| イベント・ドリブン | 買収やスピンオフ（分離・独立）あるいは破綻など企業の特殊な状況（イベント）時の株価の動きなどをターゲットにした投資。特に経営破綻した企業の株や債券を割安な価格で購入する戦略はディストレストとも言われる。通常の機関投資家は破綻した企業の株や債券を手放すので、必要以上に割安になることがある。 |

外れた投資勘を持ち世間にも積極的にアピールするカリスマ投資家に率いられたファンドが目立っていました。こうしたスタイルのファンドでは、カリスマ的投資家の強烈な個性と勘と独特の投資哲学が決定的な影響を与えました。中でも、１９９２年のイギリス・ポンドの危機の際に巨額のポンド売りを浴びせてソロス氏が大儲けしたことは大変に有名な逸話で、この出来事でソロス氏の名前とともにヘッジファンドという投資家タイプの存在が世界中に知れ渡りました。

　カリスマ投資家が自身の相場観に従って、驚くほど巨大なポジション・テイクというスタイルは、21世紀になっても観察されました。リーマン・ショック前後の混乱時に、ジョン・ポールソン氏が率いるポールソンというヘッジファンドはサブプライム・モーゲージを空売りして、ソロス氏のポンド売りに勝るとも劣らないほどの伝説的な収益を上げたのです。しかしながら、カリスマの相場観頼りというスタイルは、21世紀になって長期的な衰退傾向にあります。

## LTCMの試みと失敗

トレーダーの経験と勘を頼りにする伝統的なスタイルとの決別の試みとしては、90年代には世界で最も有名なヘッジファンドの1つであったLTCM（ロングターム・キャピタル・マネジメント）の運用方法が知られています。LTCMが採用した取引スタイルは、価格の動きが似た2つの商品の相対的な価格差に着目したレラティブ・バリュー（またはロング・ショート）戦略というスタイルです。たとえば、アメリカの国債の利回りと、同じ期間の優良銀行の信用リスクが反映される金利スワップ取引の金利のスプレッド（これをスワップ・スプレッドといいます）に着目し、そのスプレッドが合理的に考えられる水準より広いと判断した場合は、金利水準の動きによるリスクはヘッジしつつ、スプレッドが縮小すれば利益が出るようなポジションを造成したのです。

LTCMは、株や、新興国の債券など、ありとあらゆる商品の相対的な価格差に着目して、利回りの高いものを買い、利回りの低いものを空売りするという戦略を取りました。そして、そうした戦略においては、多かれ少なかれ数理的な分析が利用され、マイロン・ショールズ氏やロバート・マートン氏など金融工学分野のスーパースターまで雇い入れました。

ＬＴＣＭのレラティブ・バリュー戦略は、90年代の半ばに、アメリカの急激な利上げによって他の投資家たちが軒並み苦戦をするなか、年率40％前後の驚異的な運用成績を上げました。当時は、ウォール街の金融機関がＬＴＣＭからの注文を獲得するために長蛇の列を作るような状況でした。しかし、肩で風を切るような勢いだったＬＴＣＭは、１９９８年夏のロシア危機後にあっという間に崩壊し、ＦＲＢというアメリカの中央銀行の支援を仰ぐことになりました。

ＬＴＣＭの失敗は、流動性のない市場において巨額でレバレッジの高いポジションを取り過ぎたために、一度歯車が逆回転し始めると、凄まじい勢いで損失が膨らんだことです。ＬＴＣＭが割安と考えていたものは一段と割安になり、割高と考えていたものが一段と割高になったのです。さらに、崩壊直前には、本来のレラティブ・バリュー戦略に合わない、ダイレクション取引という伝統的なリスク・テイクに近いポジションも大幅に増やしていて、傷口を広げる結果になりました。

ＬＴＣＭの崩壊は、実は筆者個人にとっても強烈な経験であり、イギリス・ポンドのスワップ・スプレッドの狂気のような価格変動はいつまでも忘れられません。当時筆者は、ロンドンでデリバティブのトレーダーをしており、ＬＴＣＭと同様にレラティブ・バリューを中心的な戦略にしていたからです。幸いにして、筆者が取っていたポジションはＬＴＣＭとは重なっていなかったので、大嵐のとばっちりを受けることはありませんでした。

ＬＴＣＭの戦略は、確かにそれまでの伝統的なスタイルとリスクを張る場所は違っていましたが、不合理なほどの大胆さで巨大なリスクを取るという意味では、伝統的なカリスマ大物投資家と共通の精神性を有していたように思います。そういう意味では、ＬＴＣＭは運用スタイルが20世紀から21世紀に変化する時期に過渡期的に現れたファンドだったのかもしれません。

## 人間の経験と勘に頼らないクオンツ・ファンドの隆盛

ＬＴＣＭは突然にしてあっけない崩壊をしましたが、ＬＴＣＭが始めたバリューに注目した非伝統的な投資スタイルは、その後多くのファンドによって取り入れられました。ＬＴＣＭの手口を観察して学んだウォール街の金融機関の担当者や、ＬＴＣＭの元従業員などが他のファンドなどに移籍してこうした取引スタイルを広めたのです。彼らは、ＬＴＣＭの失敗は、レラティブ・バリューという戦略自体の失敗ではなく、レバレッジの掛け過ぎや、本来のスタイルに反するようなポジションを取った結果であると判断したので

**図2.1■レラティブ・バリューとロング・ショートの増加**

ストラテジー別のヘッジファンドの資産増加（1990–2003年）

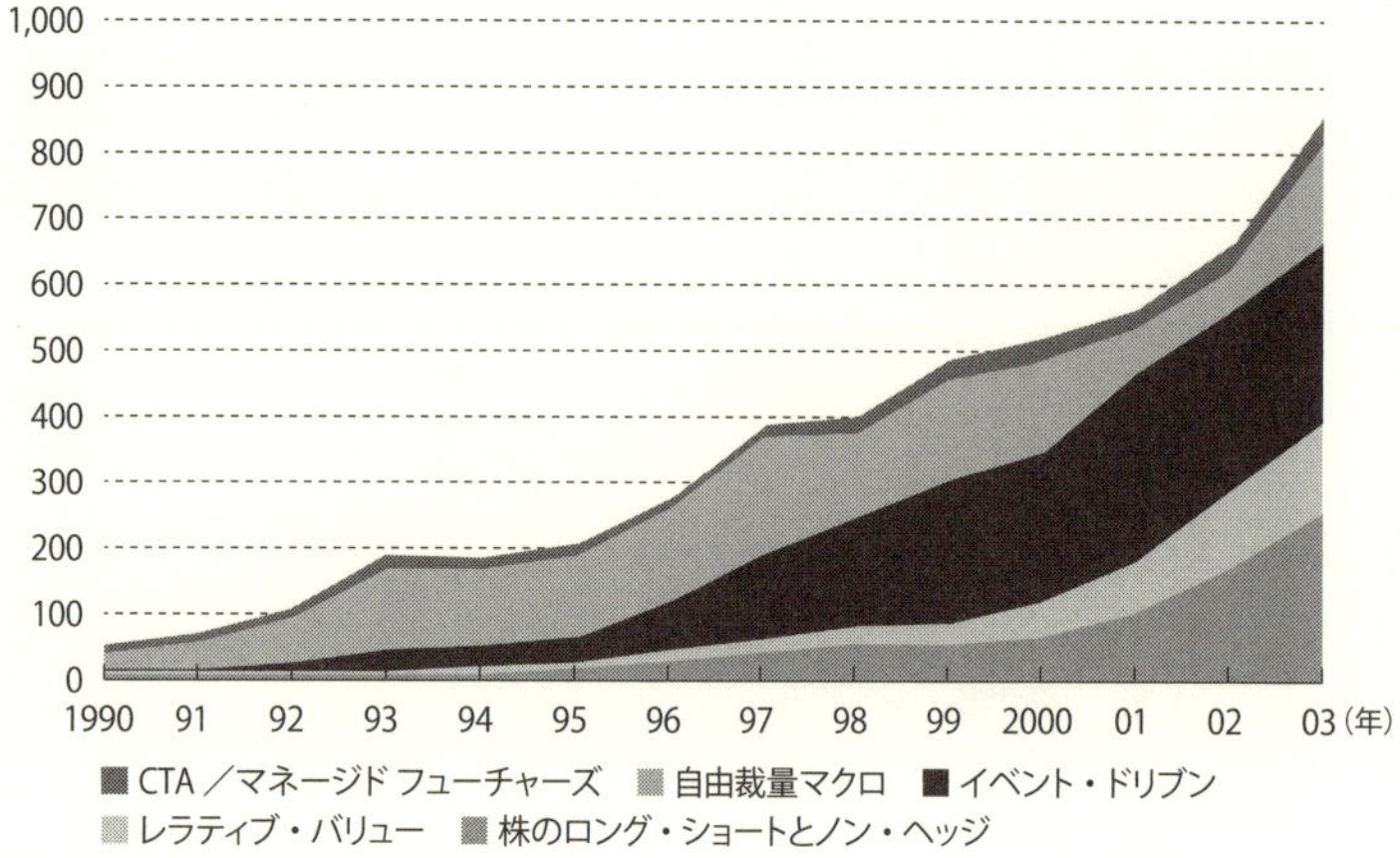


（出所）CISDM, Hedge Fund Research, Inc.

しょう。

90年代から2007年のリーマン・ショックの前まで、ヘッジファンド業界は急激に拡大しますが、その拡大を牽引したのが数理的な分析に基づいて、ロング・ショートやレラティブ・バリューのポジションを取るファンドでした。

ヘッジファンドのスタイルの分類は、先ほどの表に示した戦略分類とは別の切り口で、クオンツ・ファンドか否かによって分類する方法もあります。クオンツ・ファンドというのは投資判断を人間の勘や経験を重視して行うのではなく、数理・統計的な理論やモデルによる価格分析を重視して取引を行うヘッジファンドです。2つの商品の相対的な価格の動きを分析するレラティブ・バリューや株のロング・ショートを戦略とするファンドの多くはクオンツ・ファンドです。しかしクオンツ・ファンドの戦略はこうしたタイプにとどまらず、相場の動き自体やマクロ経済の指標を数理・統計的に分析することによって投資判断をするタイプなど、さまざまなタイプがあります。クオンツ・ファンドでは、しばしば投資判断から取引の執行までロボットが自動的に行います。前章で紹介したコンピュータのアルゴリズムで超短期の相場変動の予想などをして利益を上げる超高速ロボ・トレーダーはクオンツ・ファンドの戦略の1つの形態です。さきほど、説明したLTCMは、クオンツ・ファンド的な要素と、伝統的なファンドの要素が入り混じったファンドといえるかもしれません。

20世紀のヘッジファンドの多くは、非クオンツ・ファンドでしたが、クオンツ・ファンドの歴史は意外に古く、60年代に確率分析を使ってギャンブルに勝つ方法を編み出した伝説的な投資家であり数学者でもあるエドワード・ソープ氏が、70年代に立ち上げたファンドがその先駆とされます。それから、あとで説明するルネッサンス・テクノロジーズやD・E・ショウは今でもクオンツ・ファンドを代表する存在ですが、その設立は80年代です。しかし、彼らの存在は、市場取引の現場に近い人々には知られていても、一般にはほとんど知られていませんでした。

クオンツ・ファンドが目立たないのは、その投資戦略がわかり難く、カリスマ投資家の

図2.2■ヘッジファンドの運用資産の拡大

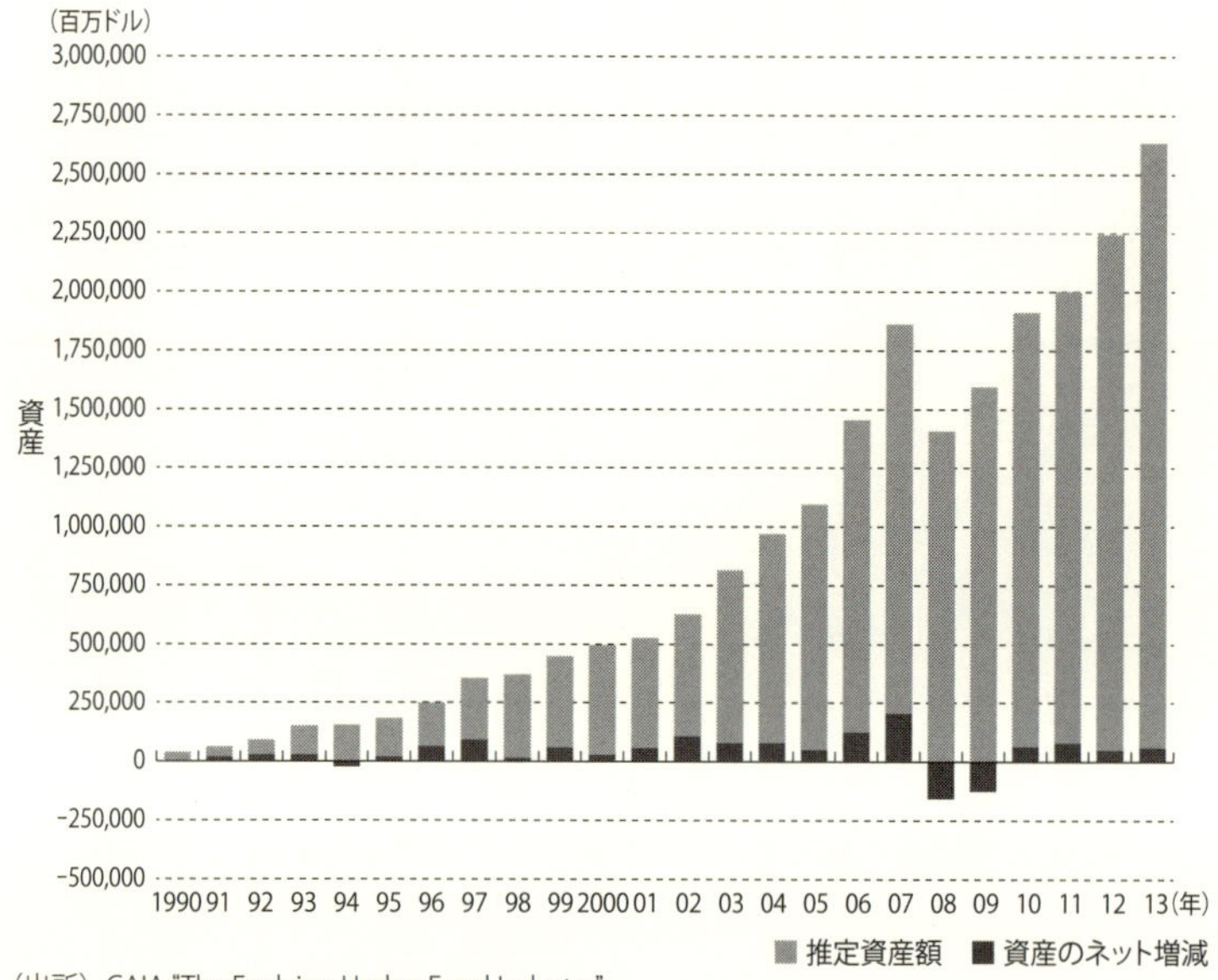


（出所）CAIA "The Evolving Hedge Fund Industry"

影響力のあるコメントとも無縁だからです。たとえば、ソロス氏の1992年のポンド売りや、ポールソン氏のリーマン・ショック時のサブプライム売りなどはとてもわかりやすいストーリーであり多くのメディアに取り上げられました。また、ソロス氏の哲学的な雰囲気のただようコメントや書籍、それにロジャース氏の毒の効いたやや過激なコメントは、相場をやっていない人間にとっても世界経済の流れを知る上で大変に興味深いものです。

一方で、クオンツ・ファン

ドは個人の勘や大局観といったスタイルではなく、数学的・統計的分析や、モデルによる機械的な投資をします。こうしたファンドはソロス氏のポンド売りや、ポールソン氏のサブプライム売りなどのような伝説的な一発トレードではなく、とても一口では説明することができないような複雑な取引を数多く行いますし、その投資戦略は非常に多様です。クオンツ・ファンドのロボットは気の利いたコメントを出すこともありません。そして、多くのクオンツ・ファンドはソロス氏などと違って自分の手の内をさらけ出すようなことはせずに、自分たちの戦略を秘密にします。こうした理由から、クオンツ・ファンドが一般に人々の注目を集めることはめったにありません。メディアや一般の人々が話題にし難いタイプのヘッジファンドなのです。

しかしながら、今日、ヘッジファンド業界の覇者になりつつあるのは、これから紹介するような、人工知能を有効に活用するなどしたクオンツ・ファンドのように思われます。

## 秘密のベールに隠された伝説のヘッジファンド、ルネッサンス・テクノロジーズ

クオンツ・ファンドの先駆的かつ代表的なファンドであるルネッサンス・テクノロジーズは、天才的な数学者にしてパターン認識と暗号解読者の専門家であるジェームズ・シモンズ氏が創業したファンドです。ルネッサンスの旗艦ファンドのパフォーマンスはヘッジファ

ンド業界の中でも図抜けています。ルネッサンスのメダリアンという旗艦ファンドは、2014年までの過去20年間の年率換算の平均リターンは35％を超え、特にリーマン・ショックのあった2008年には、多くのファンドが軒並み大きなマイナスのリターンを出す中、98％を超えるリターンをたたき出しています。

こうした、驚異的なパフォーマンスにもかかわらず、ソロス氏やロジャーズ氏をよく知っている方でも、シモンズ氏のことをご存知の方は少ないのではないでしょうか。これには、さきほど説明した一般的な理由以外にもいくつかの理由があります。まずは、ファンドのパフォーマンスが良好なので外部の資金から入る手数料に依存する必要がなく、90年代から外部資金を入れておらず、運用する資金の大部分は従業員の資産であるからです。つまり、外部に運用パフォーマンスの良さを宣伝する理由がまったくないのです。

さらには、ルネッサンスは投資手法についての秘密主義をヘッジファンド業界の中でも特に徹底していることで有名なファンドだからです。徹底した秘密主義が可能なのは、最高級の数学、物理、人工知能、コンピュータなどの研究者を集めて、最高級の待遇と知的好奇心の両方を与えることで転職希望者を減らしていることに加え、会社を離れる場合は、非常に長い期間にわたってルネッサンスで習得した手法の利用を制限する契約を入社時に結ばされるからだといわれます。

ジェームズ・シモンズ氏は極めて興味深い人物です。カリフォルニア大学バークレー校で、位相幾何学という特に抽象性の高い数学の分野で博士号を取得したあと、数年間を防衛分析研究所（Institute for Defense Analysis）で暗号解読の仕事に携わります。その後、大学の数学の教授としてチャーン・シモンズ理論という有名な理論を打ち立てたあと、１９８２年に40代半ばでヘッジファンドを設立します。このヘッジファンドが80年代の後半から現在に至るまで驚異的なパフォーマンスを発揮し続けているのです。Chapter 04で説明しますが、暗号解読というのはパターン認識や人工知能とオーバーラップするところが多い研究領域です。

ルネッサンスが運用する資産規模はおよそ２７０億ドル（約3兆円）に上りますが、その資金の多くはシモンズ氏をはじめとする従業員のものです。シモンズ氏個人の利益も、多い年では15億ドルにもなったとされます。シモンズ氏は２００９年には引退し、現在は数学教育などに関する慈善活動などに精を出しているそうです。

秘密のベールに包まれたルネッサンスであっても、隠し切れない情報、または漏れ聞こえてくる情報もあります。特に、イギリスの『エコノミスト』誌のセバスチャン・マラビーという記者が２０１０年に出版した『神よりも金持ち』[1]という本は、ヘッジファンド業界についての根気強い調査にすばらしい洞察を加えた本ですが、ルネッサンスの投資手法の

1 Mallaby (2010) *More Money than God*、邦訳は『ヘッジファンド——投資家たちの野望と興亡』。

秘密についての大変に貴重な情報を提供しています。以下、このような情報をもとにルネッサンスの投資戦略を説明します。

## 数学、物理、コンピュータの専門家が市場のパターンを解析する

そもそも、シモンズ氏が勧誘したファンドの仲間は、金融業としてはまったく異色な人々でした。ルネッサンスの創業時代の2人のコア・メンバーは、防衛分析研究所時代の暗号解読の仕事をしていた仲間たちであり、うち一人はシモンズ氏と共に有名な数学の賞を受賞した数学者のジェームズ・アックス氏です。ルネッサンスのアプローチは、暗号解読の技術を市場に応用して、相場の変動のパターンを分析して、儲けにつながるようなパターンを見つけ出し、その市場がそのサインを発するのを見逃さないというものです。取引の期間は短期で非常に多くの頻度で繰り返します。シモンズ氏は、市場からサインを読み取り取引を実行するために必要技術を持つ、数学、物理、コンピュータなどの分野の一流の専門家を集めて、市場の暗号解読の技術を磨きました。

シモンズ氏がヘッジファンド・ビジネスを始めたのは1982年で、当初の数年はまずまずの程度のパフォーマンスだったようです。そして、1988年には、それまでに蓄えた十分な技術を駆使して旗艦ファンドのメダリオンを新たに立ち上げました。メダリオンとい

う言葉は、アックス氏とともに受賞した数学のメダルを指します。

メダリオンは、市場のアルゴリズムによるパターン解読の技術を使って市場の取引に応用するというアプローチを取りました。当初は短期的トレンドだけでなく中長期的なトレンドの解読を試みますが、やがて短期的なトレンドの解読の注力に落ち着きました。短期の変動パターンに賭ける戦略の方がより安定して儲けを出すことができたからです。こうして、ルネッサンスの運用の基盤になるアプローチが確立されました。

メダリオンのパフォーマンスが図抜けていたことは前述のとおりですが、興味深いのは、リーマン・ショック後のような混乱期で他のトレーダーが苦戦しているような状況においても、すばらしいパフォーマンスを示すことです。これは、メダリオンがスタートする前年の1987年にアメリカの株式市場を襲ったブラック・マンデーと呼ばれる暴落の際などの値動きのパターンをしっかりとモデルに刻むことに成功したからだと考えられます。また、短期的な取引を執行するには、アルゴリズムで動くロボ・トレーダーは機敏であればあるほど望ましいことは言うまでもありません。ルネッサンスは超高速ロボ・トレーダーの利用も、早い時期から導入しているとされます。

シモンズ氏は、後継者の育成にも成功しています。後継者ももちろん数理系の人材であり、1993年にIBMの2人のコンピュータ技術者を採用し、現在はその2人がシモンズ氏に代わってルネッサンスの経営の切り盛りをしています。2人のIBM時代の専門分野は音声言語の認識でした。音声認識は、コンピュータによるパターン認識の重要な研究領域であります。2人は、技術者としてだけではなく、シモンズ流のファンドの運営に関してても適応したそうです。2人がIBMで研究したパターン認識こそ、ルネッサンスの創設当初からの戦略の核であるように見えます。そして、パターン認識は人工知能や統計的な解析と大きくオーバーラップしており、近年の人工知能の発展によって性能の飛躍的な進歩を遂げている領域です。

もう、何を言わんとするのかおわかりでしょう。これまでの予想を遥かに超える勢いで進歩して、囲碁のトップ・プロまでも打ち破った人工知能の技術は、ルネッサンスが市場から取引に役立つサインを認識する技術にも飛躍的な進歩をもたらす可能性があるのです。実際にルネッサンスは近年、人工知能の優秀な技術者を極めて積極的に採用していると言われています。そうであるとすれば、現時点でも圧倒的なパフォーマンスを誇るルネッサンスのロボット運用は、さらに他を寄せ付けないものになる可能性があります。

## 世界最大のヘッジ・ファンド、ブリッジウォーター

次に世界最大のヘッジファンドであるブリッジウォーターの話をしましょう。ブリッジウォーターの創業者であるレイ・ダリオ氏は、ルネッサンスのシモンズ氏ほどではないにせ

よ日本ではあまり知られてないと思います。しかし、ダリオ氏は独特の人生観を持つ本当に興味深い人物です。

ダリオ氏は、ハーバード大学を卒業後、ニューヨーク証券取引所などの仕事を経て26歳の時にブリッジウォーターを設立します。当初は機関投資家や企業に対しマクロ経済の視点から為替相場や金利の動向についてアドバイスをする仕事が中心でしたが、ダリオ氏のレポートは大変に評判が良かったようです。１９８０年代の後半には、顧客の１つだった世界銀行から債券ポートフォリオの運用をする仕事を得て運用業務に進出します。そして、91年は旗艦ファンドとなるファンド「ピュア・アルファ」を立ち上げて、本格的にヘッジファンド業を始めました。

資産運用の世界にはアルファとベータという大変に重要な言葉があります。ベータというのは株式指数など相場全体の動きに連動するリターンを指す数値であり、60年代半ばに登場したＣＡＰＭという今日の資産運用の基礎となる理論に現れた概念です。これに対しアルファは市場全体の動きを超えるリターン、つまりプラス・アルファの部分の大きさを指します。

ここまで説明すれば、ダリオ氏のピュア・アルファ戦略がどんなものか、だいたい察しがつくのではないかと思います。ピュア・アルファは相場全体の上げ下げを反映するベータの影響をできる限り消して、プラス・アルファの部分を最大化するという戦略です。つまり、株式指数が上がるか下がるかに関係なく超過的なリターンを探すという投資戦略です。そもそもヘッジファンド業界は、株式指数の動きに関係なく利益を上げるという絶対リターンを追求するものが多いのですが、ピュア・アルファ・ファンドはそのスタンスを徹底して前面に押し出したファンドなのです。

ピュア・アルファの具体的な投資先は債券、為替、商品、新興国債券、株式などで、ダリオ氏はインフレ連動債や超長期債券などを積極的に活用し成功したことでも知られます。ピュア・アルファはグローバルなマクロ経済環境に基づいた投資をするので、投資戦略としてグローバル・マクロに分類されます。これはソロス氏のクォンタム・ファンドと同じ戦略ですが、実際のアプローチは大きく異なります。ピュア・アルファは、アルファのみを探しだし、市場全体の動きに連動するベータの影響を消すという目的のために、数理・統計的な分析を非常に重視するからです。ピュア・アルファは、ルネッサンスのような純粋なクオンツ・ファンドとは異なりますが、クオンツ・ファンド的な色彩を色濃く持つファンドなのです。

アルファのみに投資するコンセプトと、ダリオ氏の世界経済を見極める力は、多くの機関投資家に支持されました。ピュア・アルファは2000年代のITバブルの崩壊期など株価の下落期にも卓越した収益を上げ、ブリッジウォーターは世界最大のファンドに成長します。

## ダリオの「根本原理」が作るブリッジウォーターの独特な企業文化

ブリッジウォーターには、投資戦略やパフォーマンスだけでは語り尽くせないユニークな特徴があります。ダリオ氏はビートルズの影響で始めた瞑想を40年以上にわたって日課とするという一面があり、瞑想こそがファンドが成功した一番大きな要因であると語っているのです。ダリオ氏は瞑想以外にも生活と仕事の取り組み方に関するさまざまな哲学的な考えを持っています。2011年にそれを「根本原理（プリンシパルズ）」（Dalio〔2011〕）という120ページ余りの小冊子としてまとめて公表しました。その序文には「ブリッジウォーターの成功は何らかの根本原理に従って会社を運営したからだ」と言っています。根本原理の実行によって繰り返し現れるさまざまな状況において、簡潔な答えが導き出されるというのです。

「根本原理」の序文には、「私は何よりも君たちに自分自身で考え、①君たちが何を求めているのか、②何が真実なのか、③それについて何をすべきなのか、を判断してほしい」とし、最も基本的な根本原理として「現実をより詳細に、より正確に把握することが良い結果を生むための不可欠の基盤である」と書いてあります。そして人生の根本原理は「現実＋夢＋決意＝成功した人生」であり、その実現には「苦痛＋反省＝進歩」というプロセスを何度も繰り返します。細かい根本原理の数は200を超えますが、それらは基本的な根本原理を実現するための細かい根本原理であり、キーワードは「真実」「現実」「分析」「学習」「効率」「ゴール」などです。そして、各人は正しい根本原理に従って行動するような「マシーン」を自分自身に持たなければならないと言っています。

ブリッジウォーターの投資家会議ではこうした根本原理に従って、そのポジションに関係なくお互いの考えをオープンに議論し「真実」と思うことであれば、ためらうことなく口にすることを要求するといいます。こうして、グローバル経済の真実の状態や、さまざまな要素の因果関係を把握して、どんな行動を起こすべきかが徹底的に議論されるのです。因果関係の追求には、数理的な分析も大変に重視されます。

このようにブリッジウォーターはクオンツ・ファンド的な合理性と、哲学・瞑想という側面を併せ持つ大変ユニークなファンドであり、ダリオ氏は、従業員に個人的な相場観を押し付けるのではなく、根本原理に従った真実の追究というプロセスを求めるのです。

## IBMのワトソン開発者フェルッチを引き抜く

さて、この独特の企業文化を持つブリッジウォーターは2012年にIBMからデービッド・フェルッチ氏をスカウトしました。フェルッチ氏はIBMで人工知能「ワトソン」

の開発を率いていた有名な人物です。ワトソンは、最近は日本でも盛んに宣伝されるようになりましたが、もともとは2011年にアメリカの人気クイズ番組でチャンピオンに圧勝したことを皮切りにして、立て続けにさまざまな分野で驚くべきパフォーマンスを見せたことで有名になった機械です。

ワトソンは一般的な人工知能という概念を遥かに超えたマシーンです。音声や文字の自然言語などさまざまな経路から情報を取り込み、パターン認識をして質問の意味を理解するばかりでなく、解答候補を探し出したり、その解答候補の正答率をスコア化したり、さまざまな機能が組み合わされて全体が構成されています。IBMは、ワトソンはコンピュータが人間の五感のような機能で情報を取り込み認識し、その経験から学習するような機械にすることを目指しているとしています。こうした総合的な機能を、IBMは単なる人工知能ではなくコグニティブ・コンピューティングと呼んでいます。

フェルッチ氏のワトソン関連の大きな仕事は、ワトソンの質問応答に関連するさまざまな機能について、人工知能の手法などを盛り込んで、ワトソンを大幅に進化させたことです。フェルッチ氏らはこのプロジェクトを深層QA（ディープQA）と名づけました。深層QAでは、たとえば回答候補を選別したり、根拠をスコア化したりする機能については膨大なデータを使って機械学習で学習させました。そうした改良の最初の大きな成果が、クイズ番組での勝利だったのです。

図2.3 ■ 元IBMのフェルッチ氏が主導したワトソンの深層QAプロジェクト

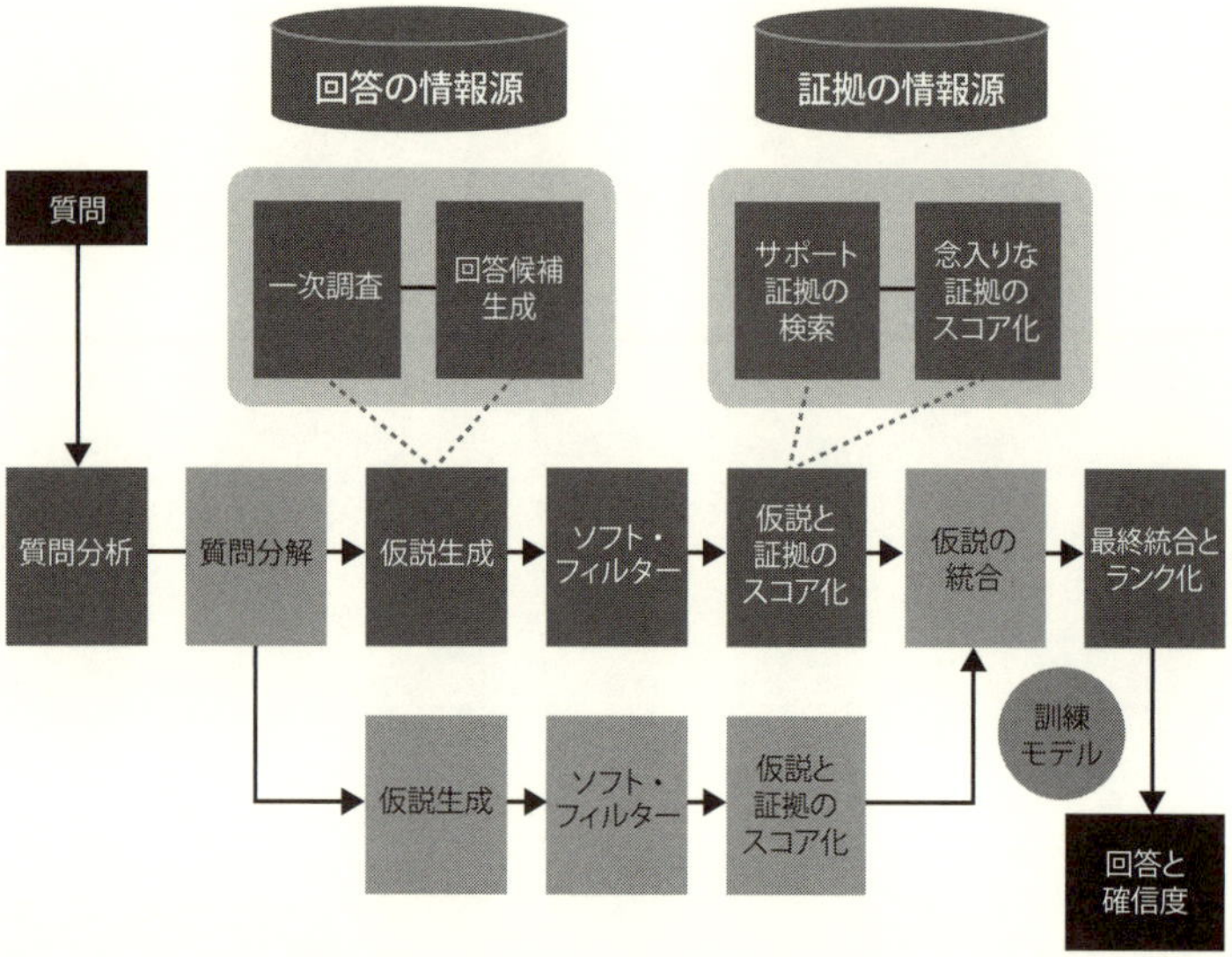


（出所）Ferrucci et al.（2010）

フェルッチ氏は、2015年夏に行われたあるインタビュー記事において、最近の人工知能がどのようにして学習するのかを興味深く説明しています。フェルッチ氏によれば、たとえばコンピュータにヨットや自動車の画像を認識させるには、人間が見分け方を教えるのでなく、大量のヨットや自動車の写真を見せて単に「これはヨットでこれは自動車」と教えるだけだというのです。そうすると、コンピュータはヨットや自動車の特徴を学習し、また見たことのない写真を見せてもヨットや自動車であると認識できるというのです。

世界最大のヘッジファンドで、かつ特異な企業文化を持つブリッジウォーターはフェルッチ氏を使って何をしようとしているのでしょうか。2015年3月、ダリオ氏はフェルッチ氏など6人からなる人工知能チームを発足させることを発表するとともに、インタビューに対し人工知能を使う目的を次のように説明しています。

「ブリッジウォーターは1983年からコンピュータ化したシステム的な意思決定プロセスを構築してきました。われわれは、物事には論理的な因果関係があって過去に起こった事象は何度も繰り返し起こると考えているので、考え方の原則（根本原理）をコンピュータにインプットすれば、コンピュータはGPSのように精度の高い意思決定のガイド役になるはずです。そしてGPSを利用する場合と同じように、意思決定のガイドに従うかどうかは、うまく照合（リコンサイル）できるかどうかにかかっています。コンピュータの意思決定システムは常に新しい学習をし、それを取り込み続けるので、照合のプロセスは永遠に続くのです」【筆者訳】

ダリオ氏は具体的な「考え方の原則」については明かしませんでしたが、それはこれまでの運用の方針からだいたいの想像がつきます。それは、偶発的なリスクや1つの経済指標に対する相関を極力抑えるという前提条件のもとで期待収益を最大にするといった類いの原則です。フェルッチ氏の有する最高の人工知能の技術は、近い将来、ダリオ氏の魔法の水晶玉となり、構築すべきポジションのガイドを示してくれることでしょう。

ちなみに、ブリッジウォーターは、２０１６年3月に、今度はアップルでiPodを立ち上げた幹部であるコンピュータ技術者のジョン・ルービンスタイン氏を引き抜き、またしても話題を提供しました。

## ビッグデータと人工知能を使い急成長するツーシグマ

さて、ここまで、2つのカリスマ・リーダーを持つスーパー・ヘッジファンドを紹介しましたが、人工知能を徹底的に活用するヘッジファンドをあと2つ紹介します。その1つは、21世紀になって設立された新興のファンドですが、良好なパフォーマンスで急速に拡大しているツーシグマ（Two Sigma）というファンドです。

ツーシグマの2人の創業者は、一人がコンピュータ技術者で一人が数学オリンピックでメダルを取得したこともある統計の専門家です。このあたりは、ルネッサンス・テクノロジーズと似ていますね。2人は以前は別の有名なクオンツ・ファンドであるD・E・ショウで働いていました。

ツーシグマの主要な運用対象の1つはアメリカの株式に対する投資ですが、その大きな特徴は人工知能を使ったビッグデータの分析を売り物にしているところです。分析するデータはニュース、財務指標などの公表データ、さらにツイッターなどにも及びます。

『ウォール・ストリート・ジャーナル』紙の報道[2]によればツーシグマは、多数の運用モデルを同時に走らせているそうです。具体的には、株価の動きに関する伝統的なテクニカル分析をするモデル、人間の株式アナリストのように財務指標などを分析するモデル、さらにはツイッター上の話題を分析して企業の経営状態に関する情報を探り出すようなモデルまであるようです。こうした、たくさんのモデルはそれぞれが株価の動きの予想をするのですが、ツーシグマはさらに別なアルゴリズムを使って、各モデルの過去のパフォーマンスを考慮したウェイト付けをして、取引戦略をまとめます。そして、最終的にはリスク管理のアルゴリズムを走らせて、ポートフォリオに与えるリスクをチェックして最終的な取引の意思決定を下すそうです。ツー・シグマは超高速ロボ・トレーダーによる運用の大手の一角でもあります。

２０１５年10月にはツーシグマはグーグルの研究部門のトップを務めていた人工知能の有名な研究者であるアルフレッド・スペクター氏を引き抜きました。スペクター氏はグー

2 "How Computers Trawl a Sea of Data for Stock Picks," *Wall Street Journal*, April 1, 2015.

**表2.2 ■ ツーシグマのビッグデータを使った運用のプロセス**

| | |
|---|---|
| ①ビッグデータの取得 | 世界中の市場データ、経済指標、企業の財務データ、ニュース、ツイッター、天候データなどを取得。 |
| ②モデルによる投資判断分析 | 人工知能を利用したたくさんのモデルを使ってビッグデータを解析し、それぞれのモデルが投資判断をする。 |
| ③結果のウェイト付け | 各モデルの過去のパフォーマンスなどから、モデルの投資判断をウェイト付けして取引戦略をまとめる。 |
| ④リスク分析 | その取引を行った場合にポートフォリオに与えるリスクを分析。 |
| ⑤取引の実行 | 超高速ロボ・トレーダーを含む取引執行ロボが取引を実行。 |

グルで機械学習という近年話題の手法を使って、会話認識や自動翻訳などの研究を進めていたそうです。グーグルは言わずと知れたビッグデータ解析の権化のような会社ですから、ツーシグマが何を目論んでいるのかは説明するまでもないでしょう。

ツーシグマの創業者の一人は、多くの競争相手のヘッジファンドは人間が判断を下すという古い手法を続けているが、ツーシグマのやり方こそが将来の資産運用の未来のあり方だと語っています。ツーシグマは設立からわずか十数年ですが、いまや大手のファンドの一角にまで資産規模を拡大しています。

## 人工知能を使った長期運用を試みるファンド

人工知能を前面に押し出した運用をするヘッジファンドとして知られるもう1つのファンドに、スペンサー・グリーンバーグ氏が2007年に設立したリベリオン・リサーチがあります。リベリオンはこれまで紹介した大手ヘッジファンドとは比較にならないほど小さく、大学を出たばかりの数人の若者が作ったファンドなのですが、そのユニークでチャレンジングな運用スタイルとファンドの運営方針で知られています。リベリオンの特徴は、「スター」と名付けた機械学習をする人工知能によって、取引スピードは追求しないで数ヵ月から数年という保有期間の中長期のトレードをすることです。つまり、超高速で超短期取引をする超高速ロボ・トレーダーとは対照的な、より一般的な資産運用の時間軸に近いトレード戦略です。

スターは過去20年以上の、基本的な株式指標やグローバルな経済や市場などのデータを使って、株価に影響を与えるファクターを機械学習で探り出し、機械が投資判断を決めます。分析するファクターはバリュー(割安株)、グロース(成長株)、モメンタムなどといった伝統的な株価のアノマリー(明確な理論的根拠があるわけではないが、株式投資に有効と思われるファクター)が中心で、こうしたファクターのどれが有効なのかを、その時々のマクロ経済環境や相場の動きを人工知能が柔軟に反映させて決めるといいます。つまり、バリュー戦略をとるのか、モメンタム戦略をとるのか、それともその両方を採用するのかを、機械学習による人工知能が相場や経済等の環境に応じて判断するわけです。リベリオンのこれまでのパフォーマンスは、突出したパフォーマンスとは言えないものの、なかなか良好な水準を保っているようです。

リベリオンのもう1つの特徴は、ヘッジファンドとしては珍しく、テクノロジーを一部の金持ちの運用の為だけに独占することをせずに、やがては一般の投資家が使えるようにしたいと考えていることです。つまり資産運用の民主化を考えているのです。こうした、スタンスからか、投資手法についての外部からのインタビューにも時折応じていて、リベリオンの興味深い挑戦についてはスコット・パタースン氏が2012年に出版した『ウォール街のアルゴリズム戦争』(Patterson〔2012〕)に紹介されています。

## 桁違いのパフォーマンスの技術が独占されるリスク

以上の説明でおわかりになったと思いますが、今、ヘッジファンド業界では人工知能への投資が大変なブームです。ルネッサンスやブリッジウォーターのようにすでに大きな成功を収めたスーパー・ヘッジファンドや、ツーシグマのような成長著しいファンドは、さらなる成功を得るためにIBM、グーグル、アップルの有名研究者など、業界の本当のトップの人材を何人も引き抜いているのです。その動きは次第に加速しているようにも見えます。これは、サッカーのプレミア・リーグ(イングランド)が莫大なテレビの放送料などからの収入を使って、札束で世界のトップ・プレーヤーを連れてくるのと似ています。一流の研究者はグーグルやIBMでもよい処遇を受けていたでしょうが、ヘッジファンドが支払うお金は桁が違うのです。

人工知能の活用の熱気は、新興のファンドに及んでいます。最近設立されたヘッジファンドの中には、ツーシグマやリベリオンなどに追従して、最初から人工知能に完全に依存するような戦略をとるところも少なくないのです。

Chapter 00では、グーグル子会社のディープマインドが開発したアルファ碁が囲碁のトップ・プロを打ち破った話題を紹介しました。深層学習や深層強化学習という最新の技術は、それまでの手法を圧倒するようなパフォーマンスを示し始めていますが、その技術を金融市場で応用する試みは、まさに始まったばかりです。そうであるからこそ有名な人工知能の研究者の引き抜きのニュースが絶えない状況なのです。深層学習や深層強化学習などの革新的な技術は、誰が利用しても高いパフォーマンスが得られるとは限りませんが、本当にトップの技術者が利用すると、それまでの人工知能とはまったく桁違いのパフォーマンスを発揮します。

そうであるから、今後の2年、3年、5年といったタイムスパンを考えていけば、これまでのロボ・トレーダーを圧倒するようなロボットが現れるのはほとんど必然といっても言い過ぎではないでしょう。それは、過去の相場の動きだけでなく、取得可能なあらゆるデータのパターンを解析して、超高速で取引を執行することができるロボ・トレーダーであり、人間のデータ分析能力や取引速度ではとても太刀打ちできません。

こうした、状況が実現した場合は、何が起こるのか？　筆者の貧弱な想像力ではよくわかりません。ただし、1つ言えることは、その状況が放置されるならば、賢くて大金持ちのヘッジファンドが、ますます大金持ちとなり、我々のような鈍足で、ビッグデータの分析能力のない人間の投資家からは税金のようにお金が吸い上げられるだけだということです。そして、その状況が放置されるかどうかは、卓越した技術が裏舞台の一握りの人々に独占された状態のままかどうかにかかっています。

さきほど紹介したリベリオン・ファンドは、スーパー・ヘッジファンドに比べると吹けば飛ぶような存在ではありますが、今のところ技術を広く共有する意思があるようです。一部の人々に技術を独占されるのを阻止するには、こうした志のある優秀な技術者・投資家が少しでも増えていくことを願うしかないのかもしれません。

Chap. 03

# 資産運用では人はロボットに勝てない

## フィンテック企業の中でも特に有望なロボ・アドバイザー

ここまでメディアの表舞台にはほとんど現れないヘッジファンドや超高速業者の説明をして来ましたが、本章では表舞台のフィンテック企業の中で、特に証券会社や資産運用会社の姿を大きく変える可能性のあるビジネスについて紹介します。

欧米のフィンテック企業のビジネス・モデルは日本より遥かに種類が豊富であり、スマホ、タブレット、カードなどに関連する決済業務や、個人や投資家向けの市場情報サービス、個人や中小企業向けの融資、送金やビットコイン関連、さらには、ヘッジファンド向けの分析ツールの開発など極めて多岐にわたります。この中で、特に急激に成長していて、一部の関係者が信じられないくらい大きなビジネスになると鼻息を荒くしているのが、ロボ・アドバイザーというビジネスです。

ロボ・アドバイザーは、個人のリタイア後の資金やその他の資産の運用を担うサービスです。たとえば引退後の資金であれば、運用をどんな資産にどれだけ振り向けるのかを、インターネットなどを使ってそれぞれの個人の投資スタンスを汲み取って実行してくれるのです。ヘッジファンドのロボ・トレーダーも資産運用のロボットでしたが、ヘッジファンドの顧客は大金持ちや機関投資家限定の運用手段であるのに対してロボ・アドバイザーはさほど資産を持っていない庶民も利用できるロボットです。

なぜ、ロボ・アドバイザーのビジネスが有望なのかというと、ひとえにアメリカの個人が運用する資産が巨大であること、さらには、個人の資産を自己責任で積極的に運用する文化があるからであり、ほとんどの資産を銀行預金に置く日本とはビジネス環境が違うのです。

個人の中でも超富裕層の一部はヘッジファンドに投資しますが、大多数の人々は、一般の資産運用会社や証券会社を使って運用します。そうした個人の資産運用を支えるために、アメリカには投資アドバイザーという職業があり、非常に多くの人々がこの仕事に従事しています。投資アドバイザーは投資顧問業者として、具体的な投資先の選択などについてもアドバイスをすることもある仕事であり、日本のフィナンシャル・プランナーよりさらに投資に関して踏み込んだ存在です。投資アドバイザーは証券会社の営業マンが兼ねている場合もあるし、独立系の場合もあります。独立系の投資アドバイザーだけで4～5万人程度はいるようです。

そして今、ロボ・アドバイザーは、人間の投資アドバイザーに対する直接的な脅威として急速に存在感を高めつつあるのです。

## 日本とアメリカの個人の資産運用の違い

ロボ・アドバイザーの働きぶりをもう少し具体的に説明する前に、アメリカのロボたちにはどの程度潜在的な市場があるのかを簡単に説明しましょう。

アメリカの個人向けの資産運用ビジネスの規模は日本とは比較にならないほど巨大です。2015年末時点で家計が保有する金融資産は約65兆ドル、そのうち30兆ドルくらいは株式や投資信託です。1ドル110円で換算すると3300兆円の規模です。[3] さらに、年金

3 統計データはFRB,“Flow of Funds”及び日本銀行「資金循環の日米欧比較」(2015年12月22日)より。

や保険の資産が20兆ドルほどあり、その半分ほどは株式や投資信託によって運用されています。一方、日本の家計が保有する金融資産1740兆円のうち株式と投資信託の合計は260兆円前後に過ぎません。

また、年金の運用に関しても、アメリカの年金の多くは401kなどの制度のもとで、投資信託やETFを使った運用などが利用されます。ご存知のように、年金には、過去に支払った拠出金や勤務年数によって給付額が確定する確定給付年金と、運用成績によって給付額が変動する確定拠出年金の2つの種類があります。アメリカの年金の大部分は個人が運用資産を決める確定拠出年金です。アメリカの確定拠出年金は1980年に現在の制度が作られましたが、今では加入者の数は1億3000万人近くで、運用資産総額は5兆ドル（1ドル110円で換算して550兆円）を超えます。これは個人の年金資産全体の約7割を占めます。

一方、日本の国民年金、厚生年金や大部分の企業年金などは、運用のリスクは国や企業が負い、受給者が受け取る年金は運用成績に連動しない確定給付年金です。日本の年金のほとんどは確定給付年金であり、公的年金だけでも200兆円を超える資産を有しています。個人に運用資産が選択できる確定拠出年金（日本版401k）の加入者数は400万人台で、運用資産の規模は7兆円弱に過ぎません。日本の年金資産の運用の大部分は、GPIF（年金積立金管理運用独立行政法人）などが担っていて、個人は自分たちの資産をお

**図3.1■日米の家計資産の構成**

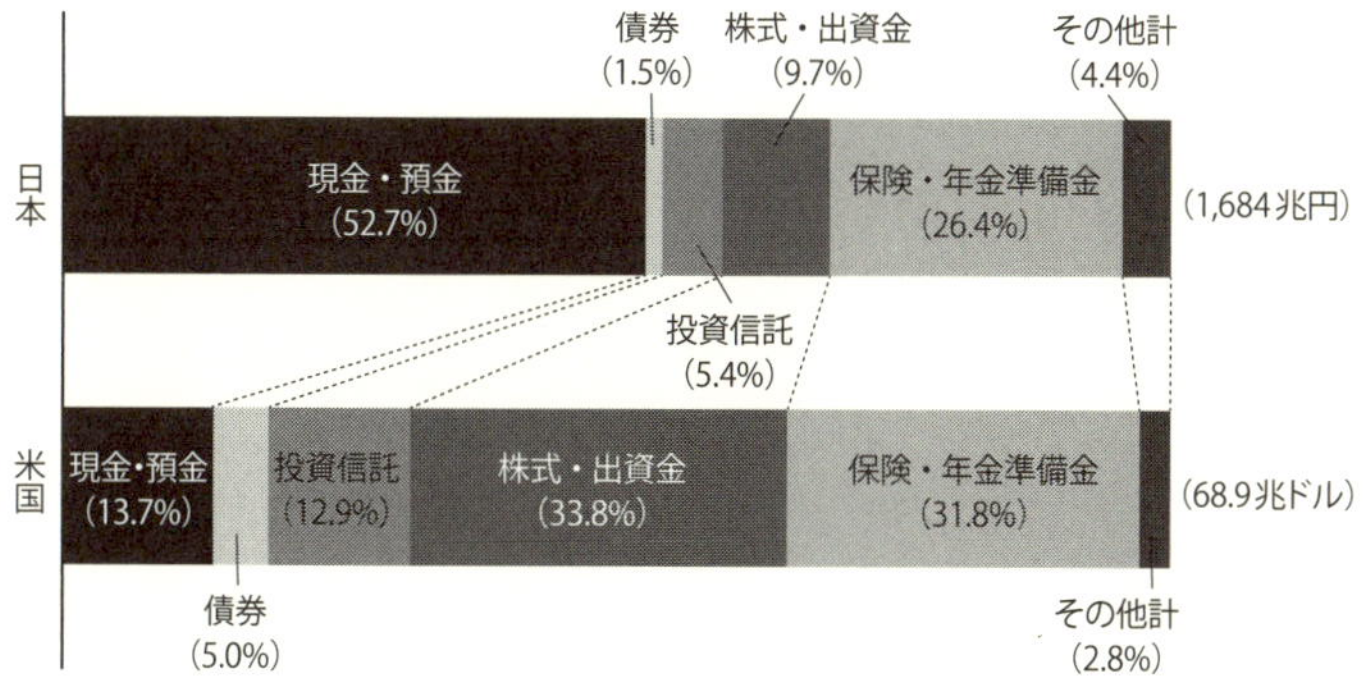


(出所) 日本銀行 (2015)「資金循環の日米欧比較」

上の運用に任せている状態なのです。

このようにアメリカ社会では、個人の資産運用は、自分自身の判断でリスク資産に積極的に投資するという文化があります。そうは言っても、一般の人々には、通常は十分な投資の知識やスキルが備わっているわけではありません。これまでは、一般の人々の知識や経験を補う役割を果たしていたのが人間の資産運用アドバイザーなのです。

## ロボ・アドバイザーが資産配分を決定

このように巨大なアメリカの資産運用業界に、ウェブサイトを使って低料金と高いパフォーマンスを武器に殴りこみをかけたのがフィンテック企業のロボ・アドバイザーなのです。ロボ・アドバイザーの手数料は、人間のアドバイザーより遥かに安く、会社によってその水準は異なりますが、概ね人間のアドバイザーの4分の1から3分の1程度といったところのようです。さらに大事なことは、一部のロボ・アドバイザーの運用は市場の全体的な運用成績より優れたパフォーマンスを発揮していることです。

ロボ・アドバイザーを運営するフィンテック企業のパイオニア的な存在はアメリカのベターメントという会社で、２０１０年にサービスを開始しています。そして、その翌年にライバルのウェルスフロントがサービスを始めています。現在はこの2社がロボ・アドバイザー専業の有力企業です。その後も、多くのベンチャーがロボ・アドバイザーのビジネスに参入しています。

ロボ・アドバイザーはロボットがウェブサイト上などで、投資の目標、リスク許容度、投資期間などのさまざまな質問をして、顧客の投資に対するスタンスなどを推定し、リスク資産と安全資産の配分などを決めるのです。ロボ・アドバイザーが聞く質問は、たとえば次の表３・１のようなものです。

ロボ・アドバイザーが当初ターゲットにした顧客層は、さほど多くの資産を保有していない、これまで人間の投資アドバイザーを利用したことのない人々でした。つまり、ロボ・アドバイザーは運用サービスを庶民にも拡大したと言えます。そうした状況に人間のアドバイザーはターゲットの顧客層が違うと考えて、当初は、あまり危機感をいだいていな

**表3.1 ■ ロボ・アドバイザーの質問の例**

| | 質問 | 回答の選択肢 |
|---|---|---|
| 例1 | 世界の株式市場はしばしばボラタイルな動きをすることがあります。あなたの投資資産が株価下落の状況下で、もし1ヵ月間に10%も価値が減少してしまった場合に、あなたはどうしますか？ | ①すべての投資資産を売り払う<br>②少し売る<br>③維持する<br>④買い増す |
| 例2 | あなたの家族や親しい友達は、あなたがどのような人間だと表現しますか？ | ①慎重な人間<br>②リスク・テイカー<br>③その中間 |
| 例3 | 次のような考え方に対してどう思いますか？「もし大きなリターンが上げられる見込みがあるのならば、しばしば市場価値の大きな下落に見舞われても心配しない」 | ①まったく同意できない<br>②同意できない<br>③同意する<br>④強く同意する |

（出所）"Putting Robo Advisers to the Test," *Wall Street Journal*, April 24, 2015から得た

かったようです。

しかしながら、ロボ・アドバイザーの預かり残高は2014年頃から急増し始め、次第に上流の顧客も利用するようになってきました。これにはいくつかの理由があるようです。まず、ロボ・アドバイザーは単に手数料が安い人間アドバイザーの代替サービスではなく、優秀な運用成績まで見込めると考えられるようになってきたことが挙げられます。さらには、人間の投資アドバイザーは、自身の手数料欲しさのために、必ずしも顧客にとって有益でないアドバイスをするという負のインセンティブがあること、また、人間のアドバイザーには何らかの認識バイアスがあり、重大な情報を見逃したり、些細な情報を過大評価したりすることがあるからです。つまり、純粋に資産運用のアドバイスをするという意味

図3.2■アメリカの個人資産の運用業界の棲み分け

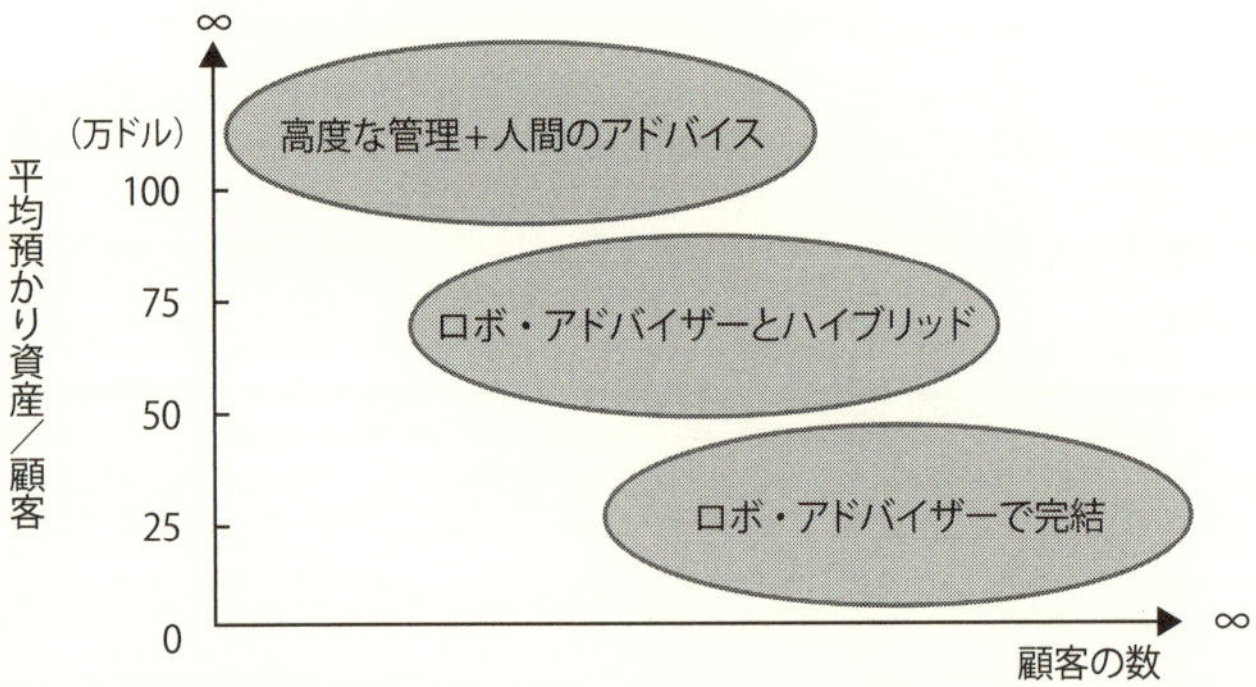


(出所)Chappuis Halder & Co.,
http://www.slideshare.net/DanielCorrales3/grb-robo-advisers-8th-october-discussion-summary

では、感情や不確実な記憶に左右される人間より、ロボットの方が遥かに安定感があるのです。

## ベターメントのビジネス・モデル

フィンテック企業のロボ・アドバイザーのサービスの内容について、ロボ・アドバイザーのパイオニアであり、これまでのところ新興勢力として最も成功しているベターメントを例に少し詳しく説明しましょう。

ベターメントの運用の特徴は、リスク資産である株式と相対的に安全でキャッシュフローを確定しやすい資産である債券の資産配分を、投資家の投資目的とライフ・ステージに応じて変化させるというものです。投資目的はウェブサイトで投資家がボタンを押して

表3.2 ■ ベターメントの運用目的の分類

| 目的のカテゴリー | 資金の性質 | 運用手法 |
|---|---|---|
| 引退後資金 | 目標金額を決めるが、すべての資金が引退後すぐに必要になるわけではない。 | 引退年齢が近付いたら、徐々に株式の割合を減らし、大半を債券で運用。 |
| 資産形成 | 明確な目標金額がなく、単に資産を増やすことが目的。 | 引退年齢になっても株の割合を55%以上に保つ。 |
| 目的への貯蓄 | 家の購入資金、教育費など。 | 目標に到達した場合にはすべて安全資産にする。 |
| セーフティ・ネット | もしもの事態に備えた資金。 | 株の割合は30%に固定。 |

選択しますが、基本的な分類は表3・2に示す4つです。

こうした運用目的と投資家の年齢、さらに投資家のリスク許容度などによって、株式と債券の配分を変化させます。引退後資金の運用の一例を図3・3で示しますが、この場合、20代から40代半ばにかけては株式の割合が90％ですが、その後徐々に株を減らして、80歳になったら株の比率は30％という運用になります。

ポートフォリオの資産配分は、目的だけでなく個人のリスク許容度が反映されます。つまり、同じ投資目的であってもリスク許容度が小さい人には債券運用の割合が増え、リスクを気にしない人には株式の割合が増えるわけです。

また、ベターメントをはじめとして、ほとんどすべてのロボ・アドバイザーは、資産売却に伴う利益と損失のタイミングを調整し、損失は利益と同じ会

図3.3■ベターメントの引退後資金の株式の割合例

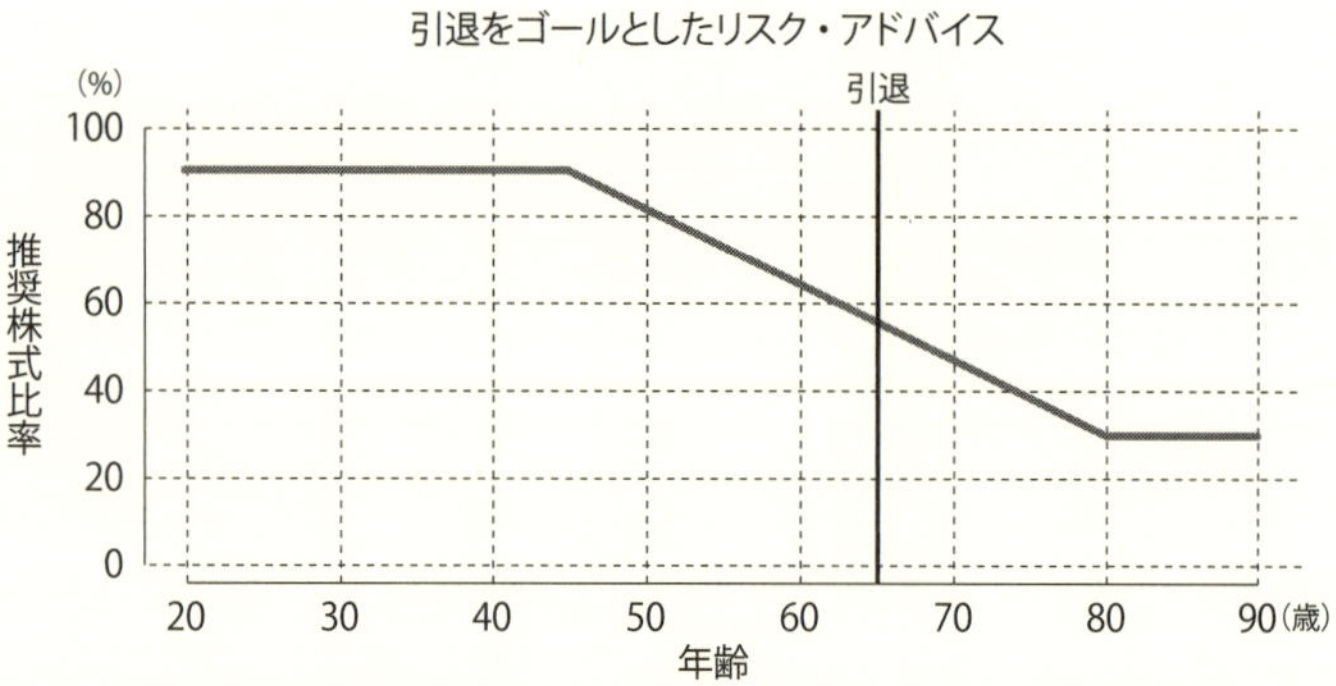


（出所）ベターメント、
https://www.betterment.com/resources/inside-betterment/investment-advice/

計年度で相殺して余計な税金の支払いが起こらないようにするサービスを1つの売りにしています。

## モデル・ポートフォリオの構成

ロボ・アドバイザーの運営会社には、一人一人の投資家の個性やライフ・ステージに応じて株式と債券の資産配分を決める以外にも、もう1つ重要な仕事があります。それは、株式と債券のそれぞれのモデル・ポートフォリオをどのように構成するかを決めることです。株式と債券の配分比率が適切でも、実際に運用するポートフォリオのパフォーマンスが悪ければ、その会社に運用を委ねる意味がなくなってしまうからです。

一般にロボ・アドバイザーは実際の資産運

表3.3 ■ ロボ・アドバイザーが利用するETFの例

| | |
|---|---|
| アメリカ株 | 株式指数ETF、大型株ETF、中型株ETF、小型株ETF |
| 外国株 | 先進国株ETF、発展途上国株ETF |
| アメリカ債券 | アメリカ国債ETF、インフレ連動債ETF、投資適格企業の社債ETF |
| 海外債券 | 先進国債券ETF、新興国債券ETF |
| その他 | 不動産ETF、エネルギー資源ETF |

用の手段にETF（上場投資信託）を使って運用を行います。ETFとは、典型的にはS&P500や日経平均株価などの指数に連動することを目指して運用する投資信託であり、実質的に指数そのものに投資しているような効果を得ることができます。ETFは、単純に市場全体に連動するタイプだけでなく、小型株指数や成長株指数などさまざまなタイプの指数に連動するものがあります。ロボ・アドバイザーがETFを使う理由は、ETFは手数料が安く流動性が高いので利用しやすいからです。

ロボ・アドバイザーはグローバルな株式や債券のETFを使って、モデル・ポートフォリオを構築しますが、リスク資産として、株式だけでなく不動産やエネルギー資源などを加えるところもあります。表3・3に、アメリカのロボ・アドバイザーが典型的に用いるETFの例を示します。

モデル・ポートフォリオのリスクとリターンの関係の計測には1952年にハリー・マーコウィッツ氏が発表したポートフォリオ理論が使われ、具体的な配分には1990年に考案されたブラック・リッターマン・モデルという年金運用でよく使われる将来の見通しを織り込む手法などが使われます。さらに、リスク管理的な観点から、シナリオ分析によって最大損失額をできるだけ低く抑える工夫などが織り込まれます。実は、このようなポートフォリオ構築のやり方は大手機関投資家が年金運用などで行う運用とほとんど同じものです。そういう意味で、新興のロボ・アドバイザー企業は、これまでプロの運用スタイルを利用することができなかった顧客層にまで、機関投資家の運用ノウハウの恩恵を行き渡らせることを可能にしたと言えます。

## 続々とロボ・アドバイザー事業に進出する資産運用業界の巨人たち

ベターメントなどベンチャー企業の成功を見て、既存のネット証券や資産運用会社も2015年前後から次々にロボ・アドバイザー業務に参入しています。まず、いち早く参入を決めたのが、ネット証券大手のチャールズ・シュワブです。

チャールズ・シュワブは、創業以来何十年にもわたってアメリカの証券会社の在り方を先取りするような試みを続けている大変に興味深い会社です。同社は1971年に割安な手数料を武器にするディスカウント・ブローカーの草分けとして発足して、たちまちのうちにその分野の最大手になりました。その後、経営環境の変化とともにビジネス・モデルを柔軟に変化させていきましたが、大きな変化が訪れたのは95年から始めたインターネットによる取引です。チャールズ・シュワブは既存の支店を使ったビジネスは残しつつ、ネット取引に注力し、ネット証券の最大手の一角となります。その一方で、チャールズ・シュワブは何千人という独立系の（人間の）投資アドバイザー（日本でいうフィナンシャル・プランナー）と契約することによって、退職資金の運用をする多くの顧客をひきつけてきました。

そのチャールズ・シュワブが、2015年の春にロボ・アドバイザーのサービスを立ち上げ、あっという間に運用資産を拡大し、初年度に50億ドル以上の資産規模に達しました。これは、ロボ・アドバイザー専業のベターメントを上回る規模です。

チャールズ・シュワブに続いて、資産運用業界の巨人であるブラックロックとバンガードが参入を決めています。この2社は、資産運用会社として、それぞれ世界第1位と2位のポジションにある会社です。ブラックロックの運用資産は4・6兆ドル（1ドル110円で換算して約500兆円）という気の遠くなるような金額の資産を運用している会社で、資産運用業界では泣く子も黙るような存在といってよいでしょう。ブラックロックは2015年8月にフューチャー・アドバイザーというロボ・アドバイザーのフィンテック企業を買収することを発表しました。一方、バンガードは2015年に独自にロボ・アドバイザーのサービスを立ち上げました。

図3.4■ロボ・アドバイザーが管理する資産の推定と市場規模予想（兆ドル）

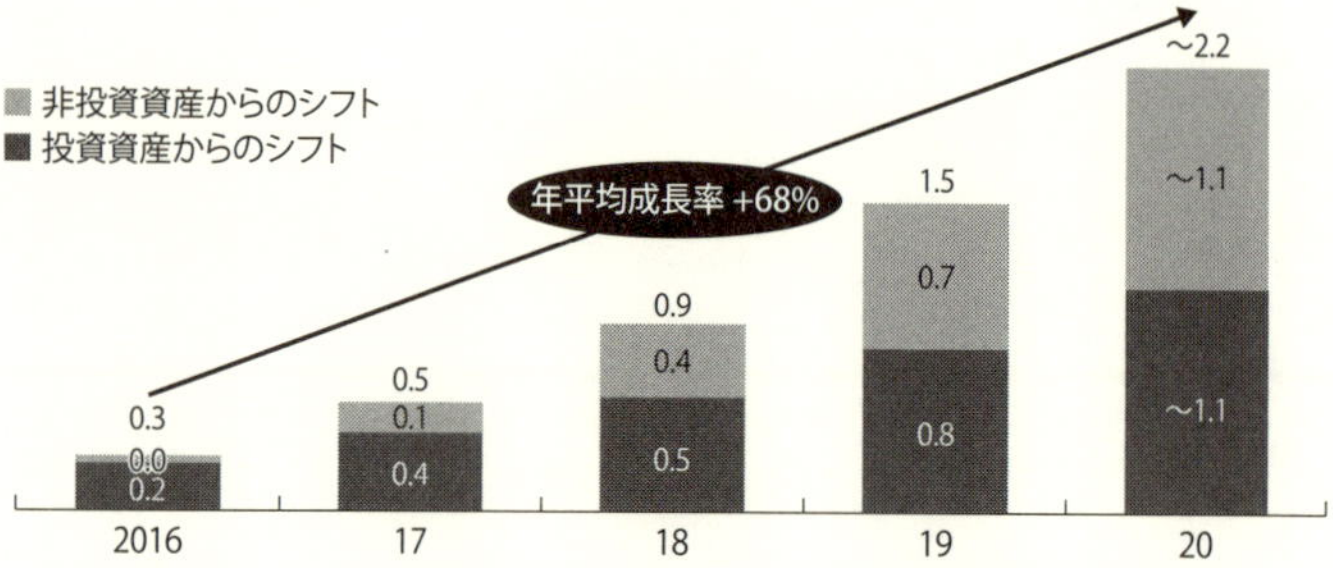


（出所）"Robo Advisers to Run $2 Trillion by 2020 if This Model Is Right," Bloomberg, June 19, 2015

もちろん、各社のロボ・アドバイザーのサービスの内容はそれぞれ個性があります。たとえば、ベターメントやウェルスフロントはロボットだけのサービスであるのに対し、ブラックロックやバンガードのサービスはロボットと人間のどちらも使えるハイブリッド型です。また、ブラックロックやバンガードが想定する顧客層は、ベターメントなどの顧客層よりやや裕福な層と考えられます。その他、それぞれのサービスの細部にはさまざまな違いがあります。

ロボ・アドバイザーの市場規模は、2012年時点でほぼゼロだったのが、2014年末で190億ドルまで拡大しましたが、こうした既存勢力の巨人たちによる相次ぐ参入などによって今後は指数関数的な拡大が予想されています。2015年にコンサルティング・ファームのA・T・カーニーが出した予想（図3・4）では、

2020年には2・2兆ドル（1ドル110円で換算して242兆円）という規模であり、シティはその数年後には5兆ドル規模に達するという別の予想を出しています。

## 人工知能の活用が鍵となるパフォーマンス競争

このように次々と参入業者が増えているロボ・アドバイザーのビジネスにおいては、何が競争上の焦点になるのかは明確です。それは、それぞれの個人顧客の適性やライフ・ステージをいかに柔軟かつ適切に読み取るかという点と、どれだけ優れたモデル・ポートフォリオを構築するかという点の2点です。適切なアドバイスと高い運用パフォーマンスが最重要なのです。このような競争において、他社と差別化するための手段として注目されているのがビッグデータの機械学習による分析などの人工知能の応用です。

2016年3月、新興のロボ・アドバイザー企業のパイオニアの1つのウェルスフロントのCEOは人工知能を利用して、個人の口座の動きを観察して、そのパターンからより適切なアドバイスができるサービスを提供する方向性を表明しました。つまりビッグデータを使うことによって、顧客が質問に答えることにより得られる顧客特性情報よりも、さらにきめ細かく正確な顧客の特性分析をしようというのです。これは、近年、小売業などの分野でビッグデータの活用が盛んになっているのとほぼ同じ目的と言えます。ウェルスフロントのライバルであるベターメントも、従前からビッグデータの分析には強い関心があるようです。

もう1つの人工知能利用の可能性は、優れたモデル・ポートフォリオの構築による運用リターンの向上です。この競争では、巨額な先行投資が可能な既存の資産運用界の巨人が圧倒的に有利かもしれません。2015年の終わりごろから、世界最大の資産運用会社であるブラックロックがグーグルの子会社のディープマインドにアプローチをして合弁子会社を作ることを検討しているという観測記事がしきりに報道されています。ディープマインドについては次章で詳しく説明しますが、アルファ碁などによって世界に衝撃を与え続けている会社であり、現在世界で最も進んだ人工知能の技術を有する会社の1つです。

ブラックロックはそのノウハウを手に入れて、最高の人工知能技術を運用に生かそうとして躍起になっているようです。もし、ディープマインドが札束で動かされるなら、ブラックロックの野望は十分に実現可能でしょう。

## スマート・ベータという機械的運用の流行

ロボ・アドバイザー業務に新たに参入したブラックロックやバンガードは、公的年金、企業年金などの機関投資家や比較的裕福な個人などを主な顧客層とする資産運用業者の巨人です。つまり、ヘッジファンドへの投資家層と、ベターメントなどが最初にターゲットにした庶民層の中間をターゲットにしてきたという位置づけになります。資金規模的にはこの層が最大なのです。

実は、公的年金や企業年金などの運用において、ロボ・アドバイザーの登場より以前から、資産運用業界においては人間の運用担当者が駆逐される傾向にありました。その流れを加速させたのは、近年流行を始めた「スマート・ベータ」という運用手法です。資産運用の世界では、1965年にウィリアム・シャープ氏などが提唱したCAPM（「キャップエム」と発音します）という有名な理論が、現在においても1つの大きな柱になっています。CAPMの理論では市場全体の資産の加重平均からなるポートフォリオ（市場ポートフォリオ）が最適ポートフォリオであるとしたために、1970年にユージン・ファーマ氏が発表した効率的市場仮説とあいまって、パッシブ運用という株式指数に連動した機械的な運用方法を流行させました。これは人間が銘柄を選択するより、機械的に指数に投資した方がパフォーマンスが良いという考え方ですから、人間の運用者は不要になるのです。

ファーマ氏は、1973年にシカゴ大学の同僚のケネス・フレンチ氏とともに、パッシブ運用をさらに進化させる論文を発表しました。それは、CAPMのベータという市場ポートフォリオに連動するファクターに加えて、小型株とバリュー株というアノマリーを加えた3ファクター・モデル（ファーマ・フレンチの3ファクター・モデル）を提唱したのです。

アノマリーとは、ベータだけでは補足しきれない経験則によるプレミアム（またはアルファ）のことです。これは20世紀前半から指摘されてきた株式運用の経験則であり、小型株やバリュー株以外にも、たとえば高PER株やモメンタム株などがパフォーマンスが良いという経験則などが代表的なアノマリーです。ファーマ氏らは過去のデータを分析して小型株効果やバリュー株効果による追加的なアルファが特に有効だと考えたのです。

このようなアノマリーをさらにスマートに賢く利用することによって、資産運用を効率的に行おうというのが、数年前に沸き起こったスマート・ベータのブームです。賢くという意味は、いくつかのアノマリーを組み合わせることで、パフォーマンスに優れた株式指数を作り利用することで、効率的という意味は、それまで人間のアクティブ運用者に支払っていた手数料を、指数に連動した機械的な運用に切り替えるという意味です。

## ビッグデータによる追加的プレミアム（アルファ）探し

個人的な予言をすると、今後スマート・ベータのアノマリーなど資産運用の追加的なプレミアム探しには、ビッグデータなどを使った分析が主流になっていくと思います。機械学習という人工知能の手法などを使ったビッグデータの分析は、近年、スーパーマーケットの顧客の行動パターン分析や、交通渋滞分析、医療、農業のさまざまな分野で急激に応用が広がっていることは読者もご存知でしょう。これは、大量のデータを分類したり、データ間の相関や動きのパターンを読み取ったりする技術です。

スマート・ベータの原点とも言えるファーマ・フレンチの3ファクター・モデルは、現在の視点からすれば限定的な過去データを使った20世紀型の比較的簡単な統計分析（重回帰分析）を使って各ファクターとリターンの相関関係を分析した結果得られたモデルです。この統計分析は人間が目星をつけた仮説を確認（検定）するという分析方法です。詳しいことは次章で説明しますが、近年のビッグデータ分析は、機械学習によって、機械が勝手に大量のデータをクラス分けしたり極めて多数のファクター間の相関関係などを見つけ出したりするのです。機械が自分でデータのさまざまな特性を読み取るところが重要です。このアプローチによって、人間が思いもつかなかったデータ間の相互関係や、これまでの手法では分析できなかったような複雑な関係まで解き明かしてくれます。つまり、20世紀のデータ分析より圧倒的に進歩しているのです。

ブラックロックがディープマインドとの合弁を望むのは、こうした理由があるからでしょう。ディープマインドのような突出した能力を持つ会社であれば、ライバルの運用会社が思いもよらないような市場のパターンを発見するとともに、それを利用してライバルたちを圧倒するような人工知能による投資戦略を生み出してくれるのではないかと期待できるのです。ブラックロックのこうした動きは、最先端の人工知能の技術の利用が、ヘッジファンドだけでなく一般的な資産運用会社にも及び始めたことを意味します。

市場のパターンを読み取って、リスクを抑え追加的なプレミアムを得ようとするのは、ロボ・アドバイザーもまったく一緒です。ロボ・アドバイザーはポートフォリオを構成する各ETFの配分をうまく調整することによって得られるアルファを探します。したがって、ビッグデータの分析が有効なのは、ブラックロックなどとまったく同じなのです。実際、一部のフィンテック企業は、機械学習などによってパフォーマンスの優れた運用ポートフォリオの構築を目指しています。

## 人間の運用者やアドバイザーに残された役割とは

1967年、高名な経済学者ポール・サミュエルソン氏は上院の銀行委員会で「サイコロとか、乱数とかダーツを使って投資株式の銘柄選びをした方がプロの運用者よりパフォーマンスが優れる」という有名な発言をしました。のちにバートン・マルキール氏はベストセラーとなった著書『ウォール街のランダム・ウォーカー』で、この趣旨を「目隠しをしたサルがダーツ投げ」をするという表現をしています。いずれにしても、投資運用は20世紀半ばから、はたして人間の経験や勘が役に立つのかどうか、疑問が呈せられ始めたのです。

サミュエルソン氏の発言から半世紀、人間の株式運用のアクティブ運用者は減少傾向をたどりながらも、これまではパッシブ運用と共存を続けて来ました。しかしながら、近年のロボット運用機運の高まりは、一段と大きな波となって人間の運用者に襲いかかろうとしています。

ロボットに職務が脅かされる人の数という意味では、ロボ・アドバイザーの攻勢を受ける運用アドバイザーの方が深刻かもしれません。アメリカの数万人の人間のアドバイザーは、ロボ・アドバイザーの急速な拡大という厳しい現実に直面しているのです。もちろん、ロボットでなく人間にアドバイスを受けたいという顧客や、PCの操作に不慣れな世代も少なくないので、すぐに人間の投資アドバイザーの仕事がなくなるわけではないでしょう。しかしながら、顧客との会話のスキルなどはともかく、肝心の投資に関する助言として優秀なロボ・アドバイザーより価値のある助言ができる人間のアドバイザーはそれほど多くはないでしょう。

人間のアドバイザーとして生き残るには、ロボ・アドバイザーの投資アドバイスの欠点まで精通するほどの知識を持つ一握りのプロか、人間的な触れ合いの部分だけで顧客に割高な手数料を支払わせることができるアドバイザーではないでしょうか。

いずれにしても、資産運用業界は21世紀におけるロボット化の波を最も早く受ける業界となりそうです。そして、この業界でこれから起こる出来事や人間とロボットの棲み分けは、他の業界に貴重な参考事例を提供することになるかもしれません。

## 証券会社はその存在意義が脅かされている

さまざまな業務のロボット化の進展によって、その存在意義が問われそうになるのは、伝統的なビジネス・モデルから脱しきれない証券会社です。それには多くの理由があります。その1つは、証券会社は人間の資産運用アドバイザーを大量に雇用していて、フィンテック企業や資産運用会社のロボ・アドバイザーによって彼らの仕事が脅威にさらされているからです。

もう1つの理由は、マーケット・メーカーとしての地位が急速に危うくなっているからです。これまで証券会社の顧客として株や債券のオーダーを出してくれていた資産運用会社やヘッジファンドは、近年は自ら超高速ロボも含めたロボ・トレーダーを導入して、自社の取引の執行をするばかりでなく、マーケット・メイクビジネスに本格的に参入し始めています。リーマン・ショック後の厳しい規制の強化も、証券会社にとって強い逆風です。リーマン・ショック後に、ゴールドマンなど多くのウォール街の証券会社は、形の上で銀行に変換し、監督当局の保護のもとに入りました。しかしながら、その後の厳しい資本規制によって、大きなポジションを抱えて商売をすることが厳しくなり、マーケット・メイクのビジネスを拡大することが難しくなったのです。

さらには、証券会社の保有する情報の優位性も、新興のフィンテック企業などによって脅かされています。これまでは、証券会社の最大の武器の1つは情報でした。市場、経済や企業に関する大量のデータを蓄積し、大量の人間のアナリストに分析させることによって、投資や資産運用に関する情報の優位性を保っていた、あるいは優位であるように見せていたのです。しかしながら、フィンテック企業や資産運用会社がビッグデータを使ってさまざまな分析をする時代が来れば、情報の量と分析力の両方の面で証券会社の優位性は失われます。そういう時代の到来は、もう目の前に迫っているのです。

# Chap. 04

# 世界を変える人工知能の進化

## ドイツ軍の暗号「エニグマ」を解読した「コロッサス」

この章では、金融界を大きく変えつつある最新のテクノロジーについて、人工知能のこれまでの進歩と今後の可能性を中心に説明し、最後にビットコインを実現する技術であるブロックチェーンにも少しだけ触れます。人工知能が特に重要なのは、もともと、金融業は、市場の価格、経済・財務指標など数字のデータを扱うという性質から人工知能によるビッグデータ分析を応用するのにうってつけの分野であるからです。さらには、近年の人工知能の技術は、20世紀とまったく違うアプローチを採用することによって凄まじい勢いで進歩していて、それがこれからの金融界を大きく変えると考えられるからです。

まずは人工知能の歴史とそれが金融にどのように使われてきたかについて簡単に説明していきたいと思いますが、その前に人工知能について先駆的な仕事をしたイギリスの悲劇の天才アラン・チューリング氏について簡単に触れさせてください。読者は第二次大戦中にドイツ軍が使っていた「エニグマ」という有名な暗号について聞いたことがあるでしょうか。エニグマは1918年に発明された天文学的なパターン数を持つ暗号であり、第二次大戦時にはさらに工夫が施されてその解読は極めて困難でした。ドイツはこの暗号に絶大な信頼を寄せて大戦が終わるまで使い続けました。

このエニグマを解読したのが、天才的な数学者でかつ変人としても有名なチューリング氏です。チューリング氏は、現在のコンピュータの基本的な原理となるチューリング・マシーンを考案した人物でもありますが、エニグマの解析の成功によって大戦の終結が2年以上は早まったといわれています。

エニグマの解読が困難だったのは、エニグマは暗号を解読する鍵を毎日変えていて、その鍵のパターン数だけでも10の20乗以上（1兆の1億倍）もあったからです。これだけのパターン数を力まかせに検索することは人間の能力が遥かに及ばないことはもちろん、現在のスーパー・コンピュータを使っても難しいとされます。チューリング氏は、検索に必要な作業を大幅に絞り込んだ上で、「ボンベ」（Bombe）という機械で高速な検索作業ができるようにしました。ボンベは現在のデジタルなコンピュータと違うアナログの電子回路を使った機械でした。この機械にドイツ軍から奪った情報なども加味することによって、多少時間がかかるにせよ、エニグマの解読がかなりの程度で可能になりました。

チューリング氏は、ボンベを改良して、ベイズ推定の手法を論理構造に取り入れて、2500本もの真空管を導入した大規模な機械「コロッサス」を作りました。ベイズ推定は現在の人工知能において重要な役割を果たしている統計的な推定手法です。コロッサスは、ノルマンディー上陸作戦の直前に完成しました。現在のコンピュータの原理とは異なるものの、コロッサスは極めて大規模かつ高速な処理が可能な完全電子化された機械であり、これが世界で最初のコンピュータであるという人もいます。

こうして、イギリスはドイツの暗号解読に成功しましたが、チャーチル首相はその技術が他国に知られることを恐れて、大戦終了後に機械を粉々に破壊して、関係者にも30年以上にわたって秘密を守ることを誓約させました。コロッサスの存在が一般に知られるようになったのは21世紀になってからです。

機械の思考力を試すチューリングテスト

一方、アメリカでは、戦前からイギリスとは別にコンピュータの開発が進められ、1946年にはペンシルベニア大学で陸軍のためにエニアック（ENIAC）と呼ばれるコンピュータが開発されました。一般にはこれが世界初のデジタル・コンピュータであるとされます。エニアックはその後普及が進んだ二進法によるノイマン型ではない10進法の論理回路型のコンピュータであり、17000本の真空管と7200個ものダイオードなどで構成され、幅は30mで重さは27トンに及ぶという大変に巨大な代物だったそうです。

現在利用されている二進法のプログラム内蔵型のノイマン型のコンピュータは、ハンガリー出身の世紀の天才であるジョン・フォン・ノイマン氏が1945年に公開したレポートにその理論的な基礎が始まるとされます。一方、チューリング氏も、戦後はノイマン氏と並行的にコンピュータの研究を手がけ、1946年2月には、ノイマン氏のレポートより遥かに完成度が高く詳細とされるノイマン型のコンピュータに関する論文を公開しています。実際のマシンの開発はイギリスとアメリカで並行的に進められ、1949年にイギリスのケンブリッジ大学で開発されたエドサック（EDSAC）が、世界初の実用的なノイマン型コンピュータの称号を得ました。

このようにデジタル・コンピュータが出現し始めた1950年に、チューリング氏は、コンピュータの将来を予言するような有名な論文（Turing〔1950〕）を発表します。それは機械の知性（intelligence）に関する論文で、「機械が思考」することができるかどうかを見分けるテストを考案したのです。テストの内容は、人間が機械Aと人間Bに対して相手の姿が見えない部屋で両方と会話をした場合に、AとBのどちらが機械であるかを判別できるかどうかというものです。もし判別できない場合、つまり機械が人間のフリをしたことに気が付かなければ、機械は「思考」しているとしたのです。これはのちにチューリングテスト呼ばれて、人工知能の能力に関する有名なテストになります。

当時は、ある意味で現在と同じように、デジタル・コンピュータの出現によって世間の関心や期待が高まっていたのだと思われます。そして将来、機械がどこまで進歩するのかという議論が沸き起こっていたのでしょう。機械の進歩の具合をどのようにテストするのかは簡単なことではありません。人間と機械にはそれぞれ得手不得手があるので、むやみに比較しても無意味なことが多いからです。

チューリング氏は機械が人間のように思考できるかどうかという点が、意味のある比較であると考え、それを確認するための手法を提起したのです。チューリング氏は、このテストは機械側に一方的に不利であると言っています。なぜならば、単純な計算能力など機械の方が圧倒的に得意な能力ではなく、人間のマネをするという機械にとって難題を課したからです。それは彼自身の期待であったのかもしれません。チューリング氏の論文を読むと、彼はやがて機械が自分で学習をするようになるとも確信していて、この難しい課題がそれほど遠くない将来にクリアされると考えていたように思われます。

実際には、チューリングテストをクリアする人工知能は長い間現れませんでしたが、2014年になって、このテストがクリアされたというニュースが流れました。ロシアの人工知能が13歳の少年という設定で、30%以上の審査員が人間と間違ったというのです。この事例をもって本当にチューリングテストがクリアされたのかどうかは、いろいろ議論があるところで、必ずしも明らかではないようです。しかしながら、チューリング氏の「予言」が明確に現実のものとなる時期がすぐそこに近づいていることは間違いないでしょう。

ちなみに、チューリング氏は1952年に同性愛者として有罪の判決を受け、1954年に42歳という若さで自殺という形で悲劇的な人生の幕を閉じます。時代を遥かに先取りし、同時代には正当な評価がされなかったチューリング氏の業績については、近年急速に見直しが進んでいます。2014年には「イミテーション・ゲーム/エニグマと天才数学者の秘密」という映画が公開され、話題になりました。

## ダートマス会議から始まった人工知能ブーム

チューリング氏の死から2年後の1956年、人工知能という言葉が1つの学術分野として定着するきっかけとなった有名な会議が開かれます。それはアメリカのダートマス大学で開かれた人工知能に関する会議で、一般に「ダートマス会議」と言われます。ダートマス会議によって「人工知能」という用語が定着して、その後の研究課題が共有化され、現在の研究に直接的につながる研究が始まったとされます。

この会議をきっかけに第1次人工知能ブームが起きますが、人工知能の研究は、「ブーム」と「冬の時代」の繰り返しであり、現在は多くの研究者の分類では第3次ブームの渦中ということになります。以下、Chapter 00で説明した松尾先生やその他の専門家の分類をもとに人工知能のブームと、そのときの主なアプローチを表4・1にまとめました。ここでは深く立ち入りませんが、そもそも人工知能という言葉の定義自体は極めて多様であり、さまざまなコンピュータを利用した技術が人工知能と命名されました。

第1次ブームの1960年代は「推論・探索の時代」、あるいは「知能の時代」などと表現されます。人間の脳の働きを模倣するという、人工知能という名称にふさわしい研究も行われましたが、何か実用的な成果を出すには程遠い状態でした。

表4.1 ■ 人工知能ブーム

| | 時期 | 主なアプローチ |
|---|---|---|
| 第1次ブーム | 1950年代後半<br>～<br>70年代初頭 | 〔推論・探索の時代〕〔知能の時代〕<br>・探索木による迷路やパズルの回答<br>・数学の定理の証明 |
| 第2次ブーム | 1980年代 | 〔知識の時代〕<br>・エキスパート・システム<br>・ファジー理論 |
| 第3次ブーム | 2012年頃～ | 〔機械学習と特徴表現の時代〕〔エージェントの時代〕<br>・機械学習<br>・ニューラルネットワーク<br>・深層学習（ディープラーニング） |

それに代わって行われたのは、チェスや迷路のようなゲームにおいて、どの選択肢を選ぶことが最善であるかをコンピュータで探し出すというアプローチです。たとえば、チェスや将棋のようなゲームにおいては、有限個の選択肢の中から最善と思われる手を選ぶことを繰り返していくと考えることができます。木の枝のように選択肢が分岐して増えていくパターンから最善手を探し出すという意味で「探索木」といいます。探索木の可能性をすべてしらみつぶしに確認できれば、最善手が見つかります。もし、パターン数が多すぎてすべてのパターンを確認することができない場合は、少し工夫が必要になります。

このような探索木のアプローチは、人間が作った数式や推論に従って、理論と結果の関係が明確なようなアルゴリズムが作動するもので、筆者の個人的な考えでは、これを人工知能と呼ぶのは少々大げさな気がします。こうした理路整然としたアプローチは、パターン数がさほど大きくないゲームのようなものには有効であっても、パターン数がさらに大きいものや、離散的でパターンに分類できないような問題には対処できないからです。さらには、この当時のコンピュータは能力という意味でも普及度合いという意味でも、利用は限られたものでした。こうして、第1次人工知能ブームの熱は去ったようです。

再び人工知能が脚光を浴びるのはエキスパート・システムに対する期待が高まった80年代です。エキスパート・システムは、専門家（エキスパート）の知識が必要となるような仕事を機械に代替させるというものです。エキスパート・システムの特徴は専門家の知識をルール化して活用することです。エキスパート・システムの応用が試みられたのは、医療や会計などの分野とともに、金融も挙げられます。金融における利用については次に説明しますが、エキスパート・システムの利用も90年代には限界が来たと考えられ、人工知能は再び冬の時代に入ります。

これらの20世紀の主流の人工知能の特徴は、基本的に人間が作った数式や推論やルールを使ったアルゴリズムに沿って機械が動くというものです。こうしたアプローチは、人工知能という名が付けられていますが、実際にはプログラム化された機械と言った方が良かったかもしれません。そして、このアプローチには限界があったのです。

近年の第3次ブームは、「機械学習と特徴表現の時代」などとともに「（知的）エージェントの時代」とも言われます。ここでいうエージェントとは、環境の変化に対応しながら自ら学習する能力を持ったソフトウェアのことです。

## 金融におけるエキスパート・システムの利用

金融界における人工知能の利用の古い歴史についてはあまりはっきりしませんが、80年代から90年代初頭にかけてのエキスパート・システムのブームの時代には、金融への応用も盛んに試みられました。

エキスパート・システムというのは専門知識を多種多様なルール群（知識群）として保有します。たとえば、頭痛や発熱などといった多数の症状と、それをインフルエンザなどの具体的な病名に結びつけるような知識をルール群として保有し、具体的な患者の症状からどの病気に該当するのかを推定するのです。金融の場合は、トレーディング、マーケティング、さらにはマネーロンダリング防止などに応用が試みられました。たとえば、トレーディングにおいては、さまざまなチャート分析の手法と、それによって相場の変動予想を結びつけるのです。ルールと結論を結びつけるのが推論で、そこがエキスパート・システムの頭脳に当たる部分です。

金融におけるエキスパート利用の成功例としては、Chapter 01で説明した、オートメーテッド・トレーディング・デスク（ATD）の事例が挙げられます。ATDは大量の市場のデータから、30秒から2分程度先までの値動きを予想し、リミット・オーダーという注文を執行します。ATDがどのような専門知識を利用しているかは、詳しくは開示されていないのですが、さまざまなチャート分析や、異常事態が発生した場合の対処方法などが巧みに組み込まれたものだと思われます。

90年代にはこのように熱心な試みがされましたが、ATDの成功はやや例外的な存在で、エキスパート・システムの金融界や医療界での成功は限定的なものでした。エキスパート・システムの欠点は、複雑な現実世界における専門家の知識やルールを精度のよい表現に置き換えることが難しいことです。たとえば、頭痛といってもその症状や程度は千差万別で、経験ある医師は微妙な症状の違いを見分けて診断するわけです。これを、何らかのルールや推論ロジックとして表現するのは極めて難しく、それを試みようとすれば大変に複雑なシステムになってしまうからです。金融の場合においても、たとえば相場の発するさまざまなシグナルにどのような重み付けをして、どのような推論ルールを適用するのかを人間が決めるのは簡単ではないのです。エキスパート・システムにおいてはルールや推論を人間が作っていた点が、近年の第3次ブーム以降のアプローチと大きく違うところです。

エキスパート・システムは、金融、医療などさまざまな分野である程度の成果は上げたものの、それは一部の人々が期待したほど大きなものではありませんでした。複雑で微妙な現実世界にフィットさせるために、さまざまな知識間の関係を複雑に設定する方法（これをオントロジーといいます）などが試みられたようですが、そうした試みで知識システムは複雑・巨大化する一方で、そうした努力に見合うだけの成果を上げることができなかったようです。

筆者の個人的な経験としても、90年代の前半、東京銀行時代、所属する部署のすぐ隣の部署でエキスパート・システムを使った米国債先物のトレーディング・システムを開発するグループがありました。当時の邦銀の一部門が行う投資としては、かなり思い切った決断をして時間とお金をかけた試みでした。各種のチャート分析や経済指標に対する相場の反応に関する知識を機械に組み込んで、優秀なロボ・トレーダーを作るといった試みだったと記憶しています。残念ながら、筆者はその稼働状況を目撃する前にロンドンへ転勤になり、エキスパート・システムによる運用がどのような結末になったのかはわかりません。しかしながら、その後社内の話題にまったく上らなかったので、取引を継続するほどの成功は収められなかったのでしょう。

おそらくこのような風景が世界中のさまざまな業界で散見されたのでしょう。こうして90年代のエキスパート・システムを核とした人工知能ブームは終焉し、人工知能に対する期待もしぼみました。

## トレーディングや資産運用で試みられた人工知能

トレーディング分野は、20世紀においても、人工知能の応用の対象として人気であり、エキスパート・システムだけでなくさまざまなアプローチが試みられました。筆者の手元に、1994年に発行された『トレーディング・オン・ザ・エッジ』（Deboeck ed.〔1994〕）という英語で書かれた論文集があります。この本は当時の気鋭の研究者・金融マンによる最先端のトレーディング技術を集めた大変に興味深い本で、次のような目次構成です。

パート1：ニューラルネットワークによるトレーディング
パート2：遺伝的アルゴリズムによる最適化戦略
パート3：ファジー理論を使ったポートフォリオ管理
パート4：非線形ダイナミクスとカオス
パート5：リスク管理とテクノロジーのインパクト

この本では、各パートにそれぞれ数人の論文が掲載されています。たとえばパート1はニューラルネットワークを使った株価や為替レートの予想などに関する7人の論文が掲載

表4.2 ■ トレーディングや資産運用における人工知能などの用途

| 目的 | 説明 |
|---|---|
| 統計的な分析 | 金融商品や指数のヒストリカル・データ、各種経済指標などのファンダメンタルズのデータ、またそれらの相互関係などに関する統計分析。ボラティリティ、相関、トレンド、主成分などを得る。 |
| 将来価格の予想 | 将来価格の予想。<br>将来とは超短期のこともあれば長期の場合もある。 |
| 取引の執行 | 大口の売買注文をスムーズに行うアルゴリズム。 |
| ポートフォリオ管理 | ポートフォリオに組み入れる銘柄やその配分の推定。 |
| リスク管理 | 状況に応じたポジション・サイズのコントロール。 |

されているという具合です。この目次からトレーディングに利用される人工知能は、単に将来価格の予想だけでなく、さまざまなタスクに対して、さまざまなアプローチが試みられていたことがわかります。詳しい説明は省略しますが、表4・2に、トレーディングや資産運用における人工知能の一般的な利用目的をまとめてみました。

将来価格の予想という目的については、筆者自身の個人的な経験もいくつかあります。たとえば、ソニー銀行勤務時代の2004年頃に、知人の紹介でお会いしたカオス・ファジー理論の研究者から、カオス理論による時系列データの短期的予想モデルを相場で試してみないかという提案を受けました。カオス理論を使った時系列分析を使えば、時系列データに内在する非線形で一見不規則と思われる動きから規則性を読み取ることができるそうです。そのアプローチで、実際に上下水道や電力などの需要予測で一定の成果を上げており、相場予想にも有効だというのです。

昔からそのような理論や試みに関心があった筆者は、そのモデルを利用して1年半ほどの期間にわたって小さな金額で日本国債の先物の運用を試みました。そのモデルは、対象商品の日々の終値のデータから、規則性を読み取り、翌日は上下のどちらの方向に動くのかを予想するものでした。運用の結果は、均してみれば損益はほとんどフラットに近いものでしたが、大きく動いた日にしばしば逆のポジションを取ることもあり、安心して見ていられるようなものでなかったことは確かです。今から思い返せば、日次の終値だけから相場の規則性を読み取る試みは無謀だったような気がします。

やはりソニー銀行時代の経験ですが、経済物理の博士号を取得した若者の教育係のようなものを務めたことがあります。彼は、為替レートのティックデータ（約定や気配ベースのデータ）を用いて、ロジスティック回帰を使った非線形モデル（ロジットモデル）を使って、相場の変動パターンの認識をする研究をしていました。なかなか興味深い研究ではあったのですが、ティックデータ情報をもとにしたトレーディングを実現するには、超高速ロボ・トレーダーのようなインフラを用意する必要があります。これは簡単に準備できるような代物ではなかったので、過去のデータでパフォーマンスのシミュレーションをするのに留まりました。もし日本にも、超高速ロボ・トレーダーを試みるヘッジファンドが多数あれば、彼のモデルを試すようなチャンスがあったかもしれないので、少々残念なことでした。

## 威力を発揮し始めて見直されたベイズ推定

90年代から二度目の冬の時代と言われた人工知能が、再び注目を集め出すのは、20世紀終わり近くになって、ベイズ推定の推論方法を用いてさまざまな機械学習の利用方法が開発されてからです。

ベイズ推定は、チューリング氏が暗号解読に活用した推定手法ですが、これは事前分布という主観的な分布設定（インプット）が必要なやや特殊な統計手法です。主観的というのは、何らかの明確な理論があるわけでなく、人間が適当にインプットをするという意味です。そして、適当に設定した事前分布から出発して実際の観測値を使って、推定の精度を徐々に上げていくことによって、最終的に精度の高い推定値に辿り着くというのがベイズ推定の神髄です。この精度を上げる手続きをベイズ更新と呼び、18世紀のイギリスの統計学者トーマス・ベイズ氏が発表した「ベイズの定理」がその理論的な柱になっています。

$$P(A|B)=\frac{P(B|A)\cdot P(A)}{P(B)}$$

P(A):事象Aが起きる確率
P(A|B):事象Bが起きた後で事象Aが起きる確率

ベイズ推定は、主観的に設定する事前分布が必要であったために、統計学の世界では長らく異端扱いされてきました。これは、主観的に設定するアプローチが、デカルト以来の伝統的、演繹的な科学哲学と相容れないものであったために、当時の統計学の主流派から嫌われたのです。そして、ベイズ推定がたとえチューリング氏の暗号解読のような突出した成果を上げても、頭の固い科学哲学が優先され続けました。こうした状況は、本当に最近まで続いたことであり、筆者が80年代に過ごした大学の数学科においても明らかにそうした空気に支配されていました。

このようなベイズ推定への頑固な偏見が払しょくされたのは、コンピュータの性能向上と利用可能なデータの増加によって、ベイズ推定の威力が誰も否定できないほどの実績を上げるようになってきたからです。そうした前兆は90年代に既に現れてきましたが、大きならねりなったのは、今世紀に入ってからです。ベイズ推定が人工知能の領域では機械学習の利用を活性化させました。

ベイズ推定の特徴は、事前に結論を仮定せずに、得られる情報を使って分析対象の真の統計的な性質を導き出すというものです。これに対して、20世紀の主流の統計学や人工知能のアプローチでは、人間の知識や経験によって事前に結論自体や結論を得るための材料を人間が決めていました。20世紀のアプローチではベイズの考え方はほとんど必要なかったのです。一方、これから説明する21世紀のアプローチは、人間の知識や経験はあてにしないで、機械がデータ自体から何かを読み取り自主的に学習させるというものです。データの特性から帰納的に学習するといってもいいかもしれません。経験から学ぶという21世紀型のアプローチにはベイズ推定が不可欠なのです。

## 「機械学習」――自ら学習する人工知能

ベイズ推定（あるいはベイズ推論）の考え方を応用して、近年著しく発展したのが機械学習という人工知能のアプローチです。機械学習とは機械（マシーン）が反復して学習し予測をする手法で、もともとはパターン認識の技術の1つとして発展してきたものです。たとえば、マイクロソフトは90年代のはじめから、音声認識や言語モデルの作成といった目的

表4.3 ■ 機械学習の主な学習方法の分類

| 分類 | 説明 |
|---|---|
| 教師あり学習 | インプットに対する正解（アウトプット）の例を与え、正解の導く規則を学習する方法。つまり正解の事例を教師（訓練データ）として与えて、正解の導き方を学習する。 |
| 教師なし学習 | 正解（教師）のない大量のデータから、その背後にある規則性を見つけ出す方法。 |
| 半教師あり学習 | 教師ありと教師なしの中間。不完全な正解データが与えられ、そこから学習する。 |
| 強化学習 | 正解は与えられないが、選んだ解の良さを判断できる場合に、最良の解を選択する学習をする方法。環境が確率的に変化するような状況で試行錯誤しながら最善の答えを出す手法として利用される。 |

のために機械学習を取り入れ始めました。機械学習は機械が反復して学習すると説明しましたが、その学習に使われるアプローチや計算に使われるアルゴリズムの種類が非常に多様なのが特徴です。まずは、学習方法の分類として、何らかの正解例を教師として利用するのか、それともしないのかによって表4・3のように分類されます。

これらの分類の中で、トレーディングなどへの応用としては、教師あり学習や強化学習がよく利用されます。教師あり学習は、過去の相場の動きを教師データにします。一方、強化学習の特徴は現在の状況から試行錯誤しながら最善の答えを導き出すような問題に利用されることであり、これは各種のゲームの攻略など、さまざまな目的に有効です。トレーディングは一種のゲームであると見なせるので強化学習とは相

表4.4 ■ 機械学習の主なアルゴリズム

| アルゴリズム | 説明 |
|---|---|
| 勾配降下法 | さまざまな機械学習で用いられる基本的な手法。誤差の最小化など最適化問題を数値解析的に解く場合などに利用される。 |
| 決定木 | 決定木とは決定を行うためのマップ。計画を立て目標に到達するために用いられる。主に教師ありの学習で用いられる。 |
| サポートベクターマシン（SVM） | 教師ありの非線形の回帰分析によるクラス分類などに用いられる。非常に認識性能が優れたモデルで、ビッグデータ分析などに利用される。 |
| ベイジアンネットワーク | ベイズ推定とグラフ構造を組み合わせたアルゴリズムで、不確実な情報の環境下における予想などに用いられる。主に教師ありの学習に用いられるが、教師なしの学習にも使われる。 |
| Q学習 | 強化学習に用いられる。マルコフ決定過程を利用し最適な行動を取るように学習を続ける。 |
| ニューラルネットワーク | 脳機能の特性を計算機上のシミュレーションによって表現することを目指した数学モデル。教師あり、教師なしの両方で用いられる。 |
| 深層学習（ディープラーニング） | 多階層のニューラルネットワークを使った機械学習のこと。近年画期的な利用方法が開発され、注目されている技術。これまでの機械学習は人間が特徴量というパラメータを与えていたが、深層学習では機械自身が特徴量の学習をすることができる。教師あり、教師なしの両方の学習に用いられる。 |
| 深層強化学習 | 多階層の強化学習（特にQ学習）のこと。ディープマインドが深層Q学習（DQN）を開発したのがはじまり。 |

性がよいのです。

　機械学習では、教師の有無という切り口とは別に、利用されるアルゴリズムによって分類することもできます。表4・4に、機械学習に用いられる主な学習方法のアルゴリズムを記載します。

　この表に記したのは数ある機械学習のアルゴリズムの中から、主要な手法をいくつか抜き出したものに過ぎず、実際にはまだまだたくさんの別のアルゴリズムがあります。そしてそれぞれのアルゴリズムを具体的にどのように設定して使うかは、それこそ無数の選択肢があるのです。つまり、一口に機械学習と言っても、非常に多様であることがおわかりになるのではないでしょうか。人工知能の研究者や技術者たちは、それぞれの目的に応じて、統計やその他の分野のさまざまな手法を総動員して、なんとか良い結果をたたき出そうと試行錯誤するのです。

ほとんどの機械学習のアルゴリズムには、ベイズ推定の考え方が何らかの形で取り入れられています。ベイジアンネットワークなどではアルゴリズム自体がベイズ理論に大きく依存しているアルゴリズムです。

機械学習が流行するようになって人工知能の機能や役割は劇的に変わりました。それまでは人工知能という名前が付けられても、実際には人間のプログラミングどおりに動いているのにすぎませんでした。しかし、機械学習は、与えられたデータから機械が自ら学習するのです。そして、機械がどのようなフレームワークで学習するかは人間が決めますが、機械が具体的にどのような学習をしたのかは人間にはなかなかわからないことが多くなりました。

## 将棋ソフトは機械学習の導入で強くなった

機械学習の威力を示す身近な一例は、将棋ソフトです。将棋のソフト開発では、対局の進行とともに現れる無数の局面が、自分にとってどれほど有利か不利かを判断することが大変に重要です。その判断が的確にできれば、ソフトは、次にどの手を指せばどれだけ有利になるか予想ができるからです。このように局面の有利さや不利さの度合いを数値化することを局面評価といいます。

将棋のソフト開発においては、長い間、人間が手作業で複雑な局面評価関数の設定をしてきました。しかし、２００５年に彗星のように現れたボナンザというソフトは局面評価に機械学習を取り入れました。ボナンザは、当時カナダのトロントで物理化学の研究をしていた、保木邦仁氏が開発したソフトで、２００５年に公開されるやいなや、非公式の場でプロを破るなど将棋界であっという間に評判になり、翌年には、世界コンピュータ将棋大会に初出場で初優勝、２００７年には渡辺竜王と対戦したことでも話題になりました。

将棋のソフトの基本は、考えられる選択肢をしらみつぶし的に検索して先読みをすることです。しかし、81マス（＝９×９）もある将棋の盤面で、持ち駒も利用できる将棋の局面数は膨大であり、そのすべてを考慮するのは不可能です。そこで、多くの将棋ソフトでは、「枝刈り」という読む必要のない手順をできるだけ省略することによって、検索すべき手の数を大幅に減らす工夫がされていました。将棋ソフトの強さは、この効率的な検索能力と適切な局面評価、そしてこのコンビネーションによって大きく左右されるのです。

ボナンザ以前の将棋ソフトの局面評価では、駒の損得状況や、玉の位置やその周りの駒の配置などのさまざまな特徴を、評価関数という数式で表現し、その数式のパラメータは将棋の強い人間が調整していました。ボナンザの強さの秘密は、この評価関数のパラメータ調整に機械学習を取り入れたことにあります。ボナンザは、プロなどの6万の棋譜を教師として機械学習させ局面に関する1万に及ぶパラメータを推定しました。このパラメータによって、局面判断の精度が格段に高くなったのです。

ボナンザが採用したパラメータの機械学習の具体的な方法は、比較評価（コンパリゾン・トレーニング）というチェスで用いられた方法に従っています。これは過去の教師の棋譜にできるだけ近い手を選択するように学習するという方法です。つまり、過去の教師の棋譜にできるだけ近い手を選択するような局面評価が最適であると仮定したのです。そして、最適なパラメータを具体的に数値計算する方法としては、勾配降下法というよく利用される基本的なアルゴリズムを用いました。

ボナンザの登場は、将棋ファンと人工知能の関係者に大きな衝撃を与えました。不自然な手がしばしば現れるそれまでの将棋ソフトとまったく違って、あたかも人間が指しているような自然な指し手で、かつ強かったからです。筆者も将棋ファンの息子の影響でボナンザを知り、その局面評価のスコアの的確さに驚いた記憶があります。ボナンザ開発者の保木氏はボナンザのソースコードを公開したために、多くの研究者や学生がボナンザの手法（これはボナンザメソードと呼ばれるようになりました）を真似し改良して将棋や囲碁のソフトを作成し、次々に強豪ソフトが現れるようになりました。ボナンザの登場とコードの公開は、日本の人工知能研究を推進させたのです。

## ビッグデータと統計的機械学習の破壊力

統計的機械学習の手法の劇的な進化によって、はじめて可能になったのはビッグデータを使った統計分析です。ビッグデータ分析については、小売業における顧客の行動パターンの分析や、交通渋滞予想、医療データ分析、天候予想などなど、近年さまざまな分野で大きな注目を集めていることはご承知のとおりです。21世紀になってビッグデータにこれほど注目が集まったのは、もちろん分析するデータの量が指数関数的に増え続けていることが大きな要因ですが、データを分析するアプローチが変わったことも同様に重要な要素です。

20世紀までのデータ分析は、人間の勘や経験からデータ間の何らかの関連性や規則性をあらかじめ想定して、それを実証するというものでした。統計的分析は、何らかの仮説を立て、その仮説が正しいかどうかを検証するというアプローチが長年にわたって主流であり、筆者が大学やアクチュアリーの勉強で習ったのはまさにそのような手法でした。

しかしながら、21世紀になって主流になったデータ分析の方法は、人間が因果関係を想定せずに、データ間の相関関係などを分析することによって、データ自体から規則性を読

表4.5 ■ ビッグデータの分析に用いられる機械学習の主な手法

| 手法 | 説明 |
| --- | --- |
| アソシエーション分析 | データ間の相関関係などから、その関連性について分析すること。教師なしの機械学習に用いられる。アプリオリ・アルゴリズムなどが使われる。 |
| クラスター分析 | データをお互いに類似するグループ（クラスター）に分類する手法。教師なしの機械学習に用いられる。k平均法などがアルゴリズムとして使われる。 |
| クラス分類 | インプットされたデータの所属するカテゴリーを探し当てる手法。教師ありの機械学習に用いられる。サポートベクターマシン（SVM）などがアルゴリズムとして用いられる。 |

み取るというアプローチです。つまり、データ自身に規則性を語らせるのです。その代表的な手法を表4・5にまとめます。

これらの手法の中でも、ビッグデータ解析として近年重要性を増しているのは、データ間の相関などの関連性について分析するアソシエーション分析です。データの相関を分析するアルゴリズムとしては1994年に考案されたアプリオリ・アルゴリズムというアプローチが有名です。詳しい説明は省略しますが、アプリオリ・アルゴリズムは大量のデータから頻出アイテムだけ抜き出して、その相関関係を比較的簡単な仕組で効率よく算出するという方法です。アプリオリ・アルゴリズムの応用として有名なのが「おむつとビール」のエピソードで、アメリカのある大手チェーン・スーパーの売上げを分析したところ、紙おむつとビールを同時に買う傾向があることがわかりました。これは赤ちゃんがいる家庭では、荷物がかさばる紙おむつは男性が買いに行かされ、ビールも一緒に買うそうです。

事前情報が何もない状況で、顧客をセグメント分けする場合などには、クラスター分析が使われます。たとえば、事前に分類する階層化しないグループ（クラスター）の数を指定して分類する場合などは、k平均法などが使われます。これ以上の説明は省略しますが、こうしたアルゴリズムのほとんどは何らかの形でベイズ推定の手法を取り入れています。

このようなビッグデータ分析による相関やクラス分類は、その結果自体がわかりやすく極めて応用性が高いので、ビジネスにおける売上げ増加や効率化、交通渋滞の緩和、犯罪の検出など広い範囲で応用されていることは、読者もよくご存知のとおりです。

金融分野における応用例としては、アンチ・マネーロンダリング（AML）の分野がよく知られています。つまり、無数にある送金のデータの中から、怪しい取引を探し当てるのに、前記のさまざまな機械学習やその組み合わせが利用されてきました。今後は、他の産業と同様に、金融界でも顧客の特性やニーズを把握する目的として使われていくことは確実であり、特にフィンテック企業などはそうした利用に積極的であるかもしれません。さらには、前章で説明したロボ・アドバイザーの最適ポートフォリオの構築や、スマートベータ運用におけるアノマリー探し、そしてもちろんヘッジファンドの情報分析など、大変に広い目的で利用されるでしょう。

## 「深層学習」――桁違いに深い学習をする

21世紀になって威力を発揮しだした機械学習に、さらに革命的な飛躍を起こしたのが深層学習（ディープラーニング）です。深層学習とは、多階層のニューラルネットワークを使った機械学習のことで、その原理自体は80年代に確立されています。ニューラルネットワークは脳機能の特性を計算機上のシミュレーションによって表現することを目指した数学モデルで、ある意味で人工知能という名前にもっとも相応しいアプローチでした。

しかしながら、ニューラルネットワークは、つい最近まで機械学習の中でも最も利用価値の低いアプローチとして、多くの研究者の関心を失っていたようです。なぜならば、20世紀までのニューラルネットワークでは、極めて簡単なタスクでさえも満足いく結果を得ることができなかったからです。

転機が訪れたのは２００６年で、近年トロント大学のジェフリー・ヒントン教授によって多階層のニューラルネットワークを使った画期的な使い方が開拓されたことです。これによって、これまでの機械学習とは比較にならない威力を発揮します。深層学習の特徴は、特徴評価というこれまでの機械学習の手法では、機械自身で学習することが難しく人間が設定せざるを得なかったパラメータまで機械自身が学習してくれることです。これによって、桁違いに柔軟で深い学習ができるようになったのです。

たとえば、さきほど説明した将棋ソフトのボナンザでは、局面評価自体は機械学習で行いましたが、玉の位置やその周りの駒、飛車や角の動ける領域など、局面を評価するための特徴は開発者の保木氏自身が決めました。つまり、通常の機械学習では機械に比較して学習させる特徴を人間が決めていたのです。これに対し、次に説明するグーグル子会社の深層学習を取り入れた囲碁ソフトのアルファ碁では、人間が特徴を決めることなく、機械が自分自身で学習を重ねていきます。

ニューラルネットワークによる機械学習の特徴は、なぜ人工知能がそのような結果をアウトプットするのかがわかり難いということです。これは、ニューラルネットが人間の脳神経の働きをまねるという手法から来ている特徴です。ニューラルネットでは、しばしば極めて多数の神経（シナプス）の結合（ノード）を用いて、そのノード間の伝達（ウェイト）を学習させます。しかし、膨大な数の要素を持つウェイト行列を見ても、それが何を意味するのかは通常はまったく想像ができないからです。「あの人の脳みその中身を覗いてみたい」などとよく言いますが、実際に覗いたところで、それがどう機能しているかわからないと思いますが、ニューラルネットワークもまったく同様なのです。ある意味では、これこそ人工知能という名にふさわしいと言えるかもしれません。

深層学習の威力が知れ渡るきっかけになったのは２０１２年にグーグルが猫の認識機能

を発表してからですが、その後は優秀な人工知能の技術者たちが引っ張りだこの状態になり、資金力が桁違いの大手ヘッジファンドの裏舞台への誘い込みも激しくなりました。

## 「ディープマインドの深層強化学習」――何も教えずにゲームに強くなる人工知能

深層学習やさらに新しい手法の研究に関して、世界の最先端を行く会社の1つが、2014年にグーグルが買収したディープマインドです。ディープマインドの創業者でCEOのデミス・ハサビス氏は、キプロス出身の父とシンガポール出身の母を持つ1976年生まれのイギリス人です。ハサビス氏は、幼い頃父が興じていたチェスに興味を持ち、11歳のときに簡単なチェスのソフトを作ったのが、人工知能とのかかわりの始まりだそうです。ハサビス氏は2011年にディープマインドを設立しました。

ディープマインドはグーグルに買収されても広告収入などに関する責任は一切負わず、長期的に人工知能の可能性を追求することを求められているそうです。ハサビス氏が追求する人工知能は、それまでの人間がプログラミングしたとおりに動く人工知能とは違います。ハサビス氏は『ワイアード』誌のインタビュー[4]に答えて次のように語っています。

4 Rowan (2015).

「現在の人工知能のほとんどは、プログラムされた通りに動くコンピュータに過ぎません。ぼくたちが目指しているのは、自分自身で学ぶ能力をプログラムに組み込むことです。それは生物が学習するプロセスであり、いまある人工知能より遥かに強力なものです」

ハサビス氏は、続けて、ディープマインドには現在40ヵ国から100人の科学者を集めていて、その質の高さはアポロ計画やマンハッタン計画に匹敵すると語っています。

「自分自身で学ぶ能力をプログラムする」研究について、ディープマインドが非常に力を入れているのが深層強化学習（Deep Reinforcement Learning）という彼ら自身が考案した手法です。これは強化学習という機械学習の一種を多層化して、パラメータの学習に畳み込みニューラルネットワーク（CNN）という深層学習の手法を取り入れたものです。強化学習とは、正解は与えられないが、選んだ解の良さを判断できる場合に、最良の解を選択する学習をする方法であり、その代表的なアプローチであるQ学習は、機械が試行錯誤して、良い成績を取った場合に高い得点（Q値）を与えることによって学習するものです。Q学習はゲームやトレーディングに適した機械学習ですが、通常のQ学習では設定する状態数が多くなると不安定になるという問題があって、あまり複雑なゲームには対応できませんでした。

そこでディープマインドが取り入れたのが、Q値の評価を多層化して深層学習を使って学習する方法です。ディープマインドは、通常のQ学習では隠れ層は1つなのに対し、3

図4.1 ■ 深層強化学習によるゲーム攻略法の自動学習のスキーム

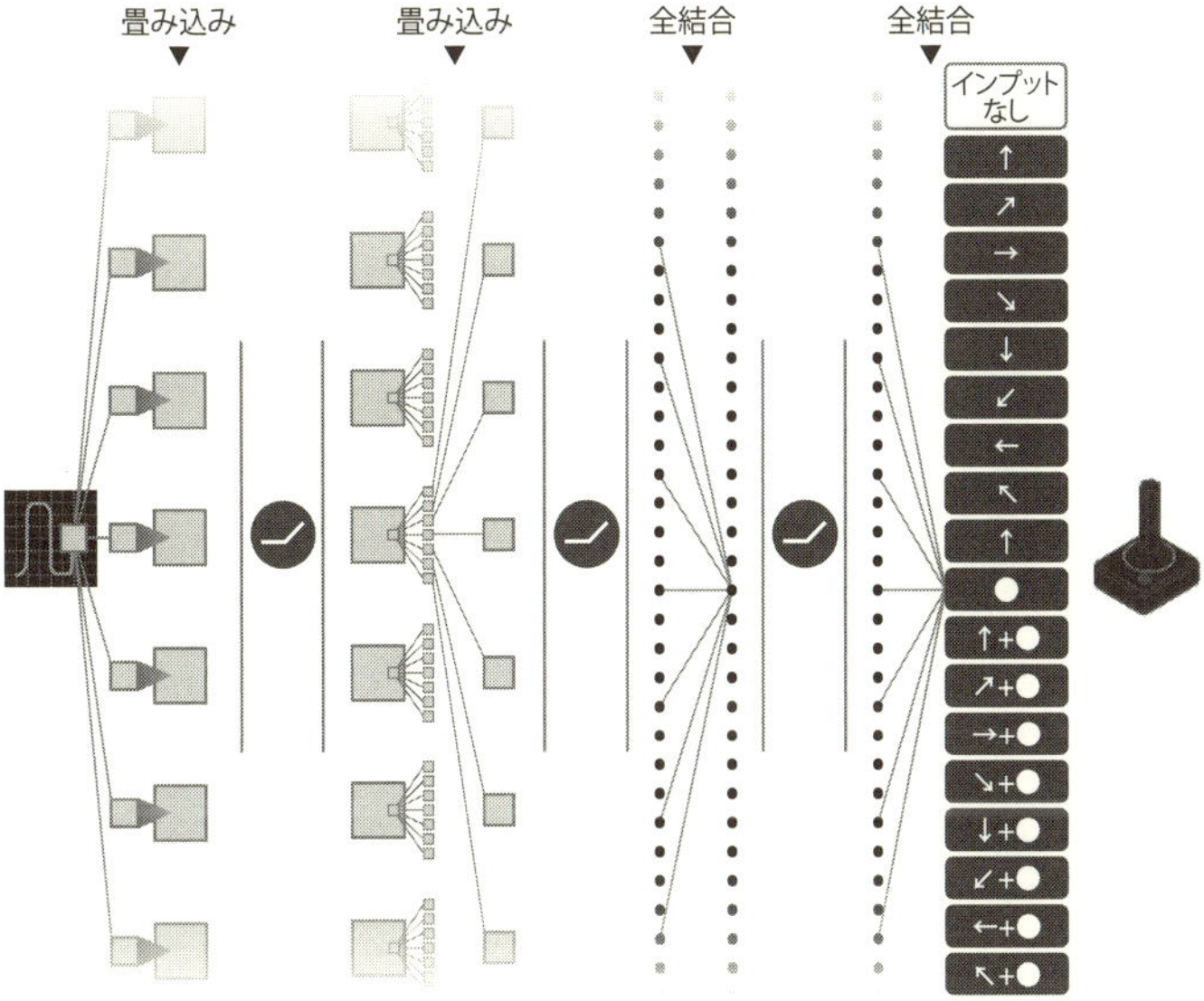


（出所）Mnih et al.（2015）

つの隠れ層を持つ強化学習を使って、ビデオゲームの攻略に応用しました。そこにはQ学習を安定させるためのさまざまな工夫もほどこされています。

2015年2月に、ディープマインドは『ネイチャー』誌に「深層強化学習による人間レベルの制御」という論文を発表しました。この論文では、深層強化学習を使ったアルゴリズムで、機械自身にゲームの、Atari 2600というアメリカの家庭用ゲーム機の攻略方法を学習させて、49種類のゲーム中の43種類において従来の人工知能による得点を上回り、29のゲームではプロと同等以上のパフォーマンスを示したことを伝えました。

深層強化学習がブロック崩しやパックマンのゲームと対戦し、当初はとても弱いのに、みるみるうちに強くなり、数時間後にはプロのゲーマーをも凌駕するようになる姿はユーチューブ上でも公開され、衝撃を与えました。自分自身で学ぶ能力が大きく前進したのです。

## アマチュア高段者クラスの実力だった囲碁ソフト

話題を将棋や囲碁というボードゲームに戻しましょう。プロなどの棋譜を機械学習させるボナンザの登場とコードの公開によって、ボナンザメソードは将棋ソフト開発の主流になり、さらに磨きをかけた将棋ソフトが相次いで現れました。しかしながら、このアプローチによる局面評価の性能は少しずつ向上しましたが、さらに劇的な飛躍は望みにくい段階まで成熟してしまったようです。つまり、過去のプロの棋譜についてはほぼ学習しつくしてしまい、その手法では過去の棋譜を上回るような水準には到達できなくなったのです。

一方、局面数が桁違いに多い囲碁の世界では、コンピュータ・ソフトは長いことアマチュア有段者にもかなわない状態が続いていました。こうした状況に大きな変化をもたらしたのは奇しくもボナンザと同じ2006年に登場したフランスのクレージーストーンというソフトです。クレージーストーンはモンテカルロ木探索（MCTS）というアプローチを採用して、アマチュア高段者級に迫る実力をつけたのです。

モンテカルロ木探索というのは、古典的な探索木の手法に、乱数を使った試行錯誤の基本的手法であるモンテカルロ・シミュレーションを組み込んだアプローチです。囲碁ソフトは将棋ソフトと違って、検索空間が広大である上に、石の価値がどれも平等なので、将棋のボナンザメソードのような方法で局面評価することが難しかったので、モンテカルロ木探索が利用されたのです。

モンテカルロ木探索は、将棋におけるボナンザメソードのように普及し、ほとんどのソフトはこのアプローチを採用しました。そして近年では、囲碁ソフトは日本のZenというソフトなどアマチュア高段者並と評される程度の実力をつけるようになっていました。しかし、トップ棋士との実力差はまだ相当に広かったので、人工知能がトップ・プロを破るには10年はかかると考えられていたのです。

## アルファ碁の衝撃

このような状況において2016年1月に入ると衝撃的なニュースが飛び込みます。

**表4.6 ■ アルファ碁の3段階の学習**

| | 利用する手法 | 内容 |
|---|---|---|
| 第1ステップ | 深層学習（CNN） | インターネットの囲碁サイト上にある過去の棋譜データを使って、ロールアウト・ポリシー $p_\pi$と13層の畳み込みニューラルネットワーク（CNN）によるポリシー・ネットワーク$p_\sigma$の学習をさせる。 |
| 第2ステップ | 強化学習 | 第1ステップで得られたポリシー・ネットワーク$p_\sigma$を使って人工知能を自己対戦させ、強化学習（勾配降下法）によって改善したポリシー・ネットワーク$p_\rho$を作る。 |
| 第3ステップ | 深層強化学習 | ポリシー・ネットワーク$p_\rho$を使って、自己対戦させた機械の差し手（棋譜）からバリュー・ネットワーク$V_\theta$を回帰的に学習させる。第1ステップと似たニューラルネットワークによる学習が利用される。 |

ディープマインドのアルファ碁が、欧州囲碁選手権を3連覇したプロ棋士に5戦全勝で勝利したというのです。その対戦自体は2015年10月に行われたのですが、ディープマインドは、アルファ碁が採用したアプローチについて詳しいレポートを『ネイチャー』誌に寄稿したのです。アルファ碁は3月には韓国のトップ・プロを4勝1敗で退け、囲碁界に衝撃を与えました。アルファ碁は単に強かっただけでなく、解説するプロ棋士には悪手に見え理解に苦しんだ打ち筋が、後で好手とわかるような手を連発しました。つまり、これまで人間棋士では非常識に思えるような新手を繰り出したのです。

アルファ碁が使った人工知能の手法は、従来のモンテカルロ木探索という手法に、深層学習と深層強化学習の両方を活用するというものでした（表4・6）。深層学習と深層強化学習を使って、局面評価（これを「バリュー・ネットワーク」といいます）と次の差し手の選択（これを「ポリシー・ネットワーク」といいます）という2種の知能ネットワークを学習させ、最後にこの2つの知能ネットワークを両方活用したのです。

アルファ碁の第1ステップでは、過去の棋譜から学習するという点でボナンザと同様ですが、人間が特徴を決めるのではなく畳み込みニューラルネットワークという深層学習で機械に自主的に学習させるところが違っています。また、第2と第3のステップでは、強化学習と機械自身によるゲーム攻略の学習で大きな成果を出した深層強化学習が利用されています。ここでは、人間の棋譜を勉強するのではなく、機械同士が自己対戦して強くなっていくのが特徴です。

将棋のソフト開発では、自己対戦の利用はこれまであまりうまくいっていなかったようです。アルファ碁では、自己対決による学習をしたことで、これまで人間が思いつかなかったような手まで指せるようになったのです。このように、アルファ碁は、これまでの将棋や囲碁のソフトが利用していなかった深層学習をふんだんに盛り込んだ方法を取り入れました。そうであるからこそ世界を驚かせたニュースになったのです。

アルファ碁アプローチが公開されたことにより、このアプローチを使った囲碁や将棋のソフト研究が急速に進むことが予想されます。実際、日本のトップの囲碁ソフトであるZenの開発者である尾島陽児氏は、ドワンゴに協力を申し入れて「Deep Zen Goプロジェクト」

図4.2■アルファ碁の学習の流れ

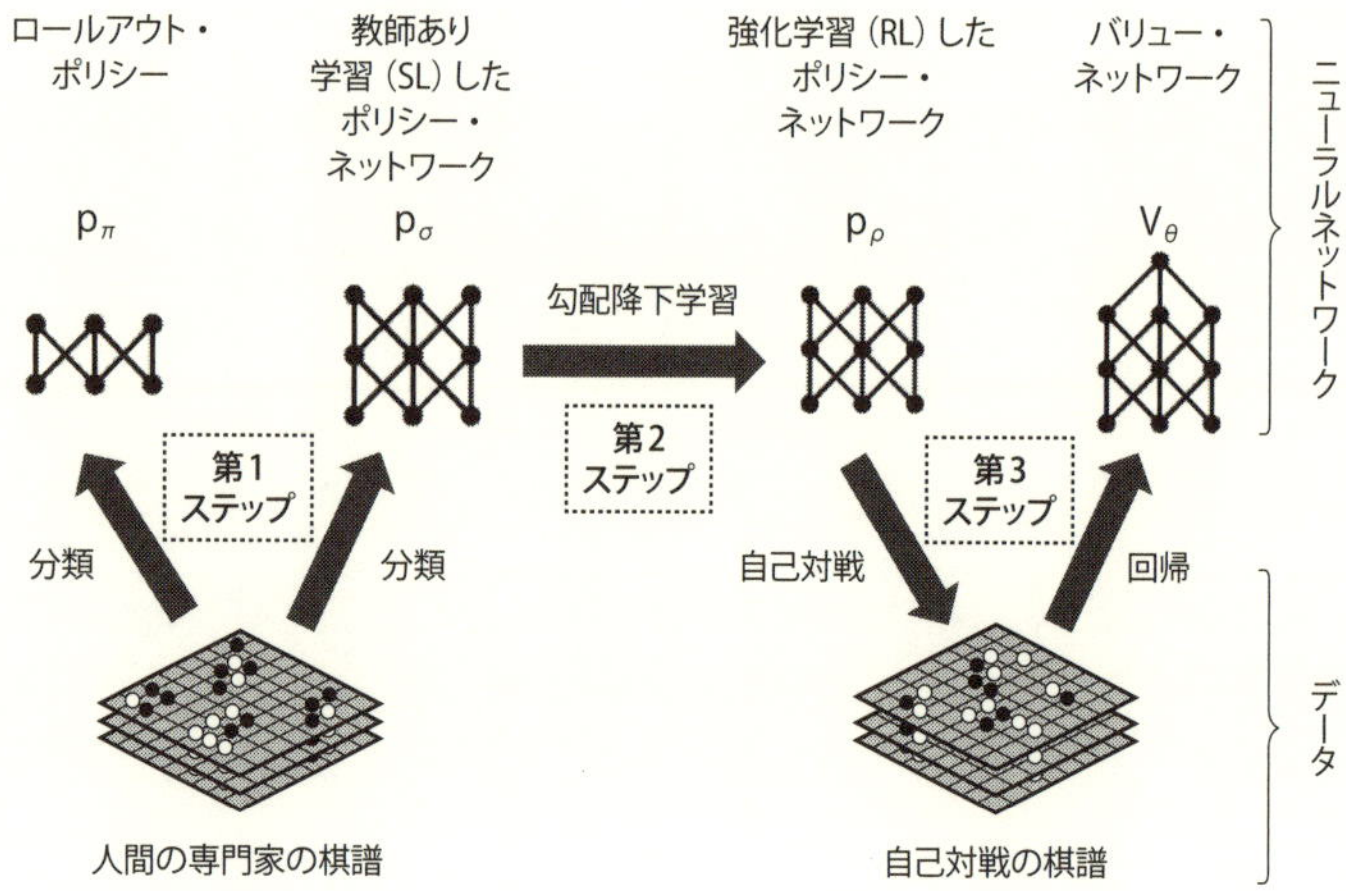


（出所）Silver et al.（2016）

というプロジェクトを発足させ、半年から1年でアルファ碁を破るという目標をぶち上げました。このプロジェクトは、有名な人工知能の研究者や将棋ソフトの開発者を巻き込んだオールジャパン的なプロジェクトです。

## 金融界で威力を発揮するのはこれから

将棋や囲碁などのゲームとともに、人工知能の性能の実証に利用されるのは、金融市場です。なぜならば、金融市場での応用は、将棋や囲碁と同様に人工知能の優秀さが簡単に判定できるからです。もちろん成功すれば大儲けできることも大きなモチベーションになります。

金融界における、深層学習の利用は、

今まさに研究競争が始まったばかりであり、その桁違いの能力が発揮されるのはこれからです。何しろ、ついこの間まで使い物にならないと思われていたニューラルネットの技術が突然大化けしたのですから、世界中で優秀な技術者は極端に不足しているのでしょう。

表舞台で最高の人工知能活用の力量を有するグーグルでさえ、その検索エンジンの一部の機能に深層学習を取り入れるようになったのは昨年（２０１５年）のことです。グーグルはそれまでは、人間が決めたルールにもとづいたアルゴリズムを採用してきました。

深層学習の最高の技術者を集めつつある場所の１つが、一部のヘッジファンド業界であることはこれまでも説明してきたとおりです。ルネッサンス・テクノロジーズやブリッジウォーターのようなスーパー・ヘッジファンドは学術的な成果の公表という点を除けば、まったく理想的な環境であるかもしれません。何しろ、お金はふんだんにあるし、ルネッサンスなどは経営者自身を含め同僚たちは優れた研究者ばかりです。さらには、研究の目的もはっきりしているし、それが成功すれば他の業界では考えられないような大金を手にすることができます。

深層学習の技術は、今後さらに改良や細部のチューニングを重ねていけば、どこまで高い能力を発揮できるようになるのかわかりません。たとえば、アルファ碁の最初のステップの深層学習では13層の畳み込みニューラルネットワーク（CNN）が使われましたが、なぜ13層なのかはまったくエンジニアリング的な問題であり、試行錯誤の結果それが選択されたに過ぎないと思われます。また、ディープマインドはCNNに適用するフィルターの数も、いろいろ試行錯誤をしています。ベストな結果を出すにはもしかすると違う階層数や違うフィルター数を採用した方がよいかもしれず、そうした試行錯誤が今後世界中の研究者の間で行われるものと思います。

## ビットコインを支えるブロックチェーンの技術

さて、ここまで人工知能ばかりを話題にしてきましたが、ここで少し目先を変えて、日本で特に注目されているビットコインを支えるブロックチェーンの技術について、少しだけ触れましょう。ブロックチェーンの基本的な仕組については、すでにさまざまな本や雑誌で説明されているのでここでは説明は省略します。要は、データをデータセンターの大規模なハードとソフトウェアを使って厳重に保管するのではなく、簡単にインストールできるソフトを搭載した一般のPCなどに分散して共有することによって、非常に多数の場所で同じデータが共有されることで安全性を確保するという技術です。この技術は、サトシ・ナカモトという謎の人物が書いた論文によって考案されました。

ブロックチェーンの技術を使えば、一ヵ所で厳重に保管するシステムを構築するための巨額の投資や手間をかけなくても、データの安全性が保証できるようになるのが最大のメリットです。金融ビジネスにおける応用としては、これまで大規模システムで対応していたような残高情報など改ざんされては困るような情報を保有する業務を、安く効率的なシステムで再構築できる可能性などが考えられます。日本のメガバンクは特にブロックチェーンがお気に入りのようです。

しかしながら、ブロックチェーンは現状の技術では、大きな問題があります。分散して共有する場合も、その情報量が大きく、取引が頻繁になればハードウェアの容量やトランザクションの負荷が大きくなるのです。これを、ブロックチェーンのスケーラビリティ問題といいます。この問題の存在によって、ブロックチェーンによって再構築できる金融のサービスや機能には限界があるのです。

ブロックチェーンが本当に指数関数的に拡大するには、いくつかの画期的な追加の技術革新や単なるコスト削減以上の応用方法の開拓が必要かもしれません。

Chap. 05

# ロボットに奪われる金融の仕事

## オズボーンの「雇用の未来」に示されたロボット化される仕事

この章では、人工知能やビッグデータ分析技術の大革新によって、どれだけ多くの金融の仕事がロボット化されるかを考えていきたいと思います。まずは、ロボットと仕事に関する有名な研究があるので、その内容を簡単に紹介しましょう。それは、イギリスのオックスフォード大学のオズボーン准教授が同僚のカール・フレイ氏とともに2013年に書いた「雇用の未来」という論文です。「雇用の未来」では、機械学習の手法を取り入れて、さまざまな職業が今後10年から20年でなくなる可能性を数値としてはじき出す試みをしたものです。

論文では、まず、18世紀後半からの産業革命以来のテクノロジーと雇用の歴史的な関係について触れています。産業革命が進行した時期には、大量の手工業の職人の労働が不要になり、それまで彼らが少人数の工房で作っていた製品は、工場で効率よく生産されるようになりました。そして、それまでは職人が一人で多くの作業をこなしていたのに対し、工場での仕事は細分化され熟練を要しない労働に代わりました。

一方、社会全体で見れば、産業革命以来のテクノロジーの進歩によって職種構成が劇的に変化し、かつての農夫や職人が、工場労働者、事務員やサービス業にシフトしました。つまり、歴史的な視点に立てば、テクノロジーの進歩は一部の職業を奪う一方で、社会全体の生産性を向上させ、より生産性の高い産業へ労働力をシフトさせるという効果もあったわけです。

20世紀における職種構成のシフトも、これとほぼ同様の構図ですが、高度な機械化やコンピュータの登場によって、もう少しスキルの高いブルーカラーの仕事も機械に奪われました。たとえば20世紀前半には大量にいた電話交換手は、1980年までにほぼ消滅し、自動車工場ではロボットが工員に取って代わり、航空機の予約システムの導入によってその仕事は人間が行う必要がなくなりました。コンピュータ化は作業の効率化を促し、平均賃金を上昇させる一方で、労働構成を高いスキルが要求される仕事と低いスキルの仕事に二極分化させました。

では、21世紀のこれからはどうなっていくのでしょうか。オズボーン氏らは人工知能やビッグデータの利用の急激な進歩は、20世紀までとはまったく違うタイプの職業のシフトを引き起こすと考えています。こうした技術の活用によって、従来の技術では機械化が難しかった非ルーチンの多くの仕事まで、ロボットに取って代わられるというのです。つまり、これからは、今までより高いスキルをもつ知的労働者層までもが職を奪われるリスクにさらされるのです。

## 半数近い職種が90%の確率でロボットに職を奪われる?

オズボーン氏らが分析の材料として着目したのは、アメリカの労働省がネット上に公開しているO'NETという職種分類です。O'NETではさまざまな業種における典型的な職種903種類について、仕事をする際に必要とされるかもしれないさまざまなスキルについて、それぞれの職種で要求されている程度をスコア化しています。たとえば、会話能力というスキルについては、弁護士という職種には70というスコアが要求されているのに対し、法律事務所のアシスタントには50というスコアでよいといった具合です。

オズボーン氏らがその職種が将来ロボットに取って代わられるかどうかを判断する基準として着目したのは、「知覚とマニピュレーション」、「創造性」、「ソーシャル・インテリジェンス」という3つの項目に関連するスキルです。知覚とマニピュレーションは、その職業に指先の器用さなどの知覚的なスキルがどれだけ必要とされているかであり、創造性とはオリジナリティや芸術的な成果を生み出すスキル、そしてソーシャル・インテリジェンスとは交渉、説得、ケアなどに関連する能力で人間の感情を理解し行動するためのスキルです。オズボーン氏らは、ビッグデータなどの活用によって、この3つの項目に関連するスキル以外はロボットによって将来的には代替可能であると仮定したのです。

オズボーン氏らの分析手法をもう少し詳しく説明しましょう。オズボーン氏らは903の職種の中から702の職種を選び、分析の対象としました。そして、さらにその中から、ロボット化できるか否かの評価が可能であり、かつできるだけ職種が異なる70の職種を選びました。そして、その70職種について、人間の機械学習の専門家たちが「ビッグデータ時代を生き残ることができるのか?」という観点で0から100%までの数値で評価したのです。次のステップは、この70種類の職種のロボット化の可能性のデータをもとに、702の職種のロボット化の可能性を推定することです。彼らは、この推定に機械学習の手法を取り入れ、人間が評価した70職種を教師データとして学習させ、残りの職種の評価

**表5.1 ■ オズボーン氏らがロボット化のボトルネックになると考えたスキル**

| 項目 | O'NETのスキル | 内容 |
|---|---|---|
| 知覚とマニピュレーション | 指先の器用さ | 非常に小さい物を操作したり組み立てたりするための、指先の正確さに連動した動き。 |
| | 手先の器用さ | 操作したり組み立てたりするための、手先の素早い動きや物を掴む能力。 |
| | 狭い場所での不自然な体勢の仕事 | その仕事が狭い場所での不自然な体勢をどれくらい頻繁に要求されるか。 |
| 創造性 | オリジナリティ | トピックや状況が与えられたときに、独創的、または賢いアイデアを出す能力や、問題を創造的に解決する能力。 |
| | 高度な芸術 | 音楽、ダンス、視覚アート、ドラマや彫刻などを制作したり演じたりするための知識、理論と技術。 |
| ソーシャル・インテリジェンス | 社会的見識 | 他人のリアクションや反応する理由を理解する能力。 |
| | 交渉 | 違いを仲裁（調停）させて他人を団結させる能力。 |
| | 説得 | 他人を説得し考えや態度を変えさせる能力。 |
| | アシストとケア | 同僚、顧客や患者などに対するアシスト、医学的な注意、心理的サポートやその他のケアをする能力。 |

（出所）Frey and Osborne（2013）

をしました。

オズボーン氏らの機械学習の結果は、当時世界に衝撃を与えました。702の職種のうち47％が90％以上の確率でロボット化の可能性があるというのです。まず、最もロボット化されにくい職種の第1位はレクリエーション・セラピスト、第2位は最前線の機械の導入や修理の監督者です。レクリエーション・セラピストはレクリエーションを通じて肉体的・精神的な疾患などからの回復を促す仕事です。ロボット化されにくい仕事の上位には、各種セラピスト、メンタルヘルス、医師、心理学者、小学校教員など、高度なソーシャル・インテリジェンス能力が求められる職種が並びました。

一方で、ロボットに奪われるリスクが最も高い職種は、電話営業の担当者で、続いて各種の技術者、技師、事務員、セールスなどに関連する職業が並びます。興味深いところでは、不動産ブローカー、電車やタクシーの運転手、さらにモデルの仕事までもロボットに仕事を奪われるとされたことです。

## 金融業の多くの非単純労働がロボット化の対象

金融については、残念ながらというべきか、予想どおりというべきか、たいへん多くの仕事がロボット化される上位にランクインしました。表5・2に、今後10年から20年でなくなる可能性が高い職種の上位50の中の金融に関連する仕事と、それらがなくなる確率を示します。

この中で、テラー係、融資係、クレジット・アナリスト、クレジット承認者などは、銀行やクレジット会社などの中核を担う仕事であり、保険外務員や保険金請求などの事務員は保険会社の雇用の大きな割合を占める職種です。つまり、金融においては、多くの雇用

**表5.2 ■ 今後10年から20年でロボットに代替される可能性が高い金融の仕事の上位**

| 順位 | 確率 | 職種 |
|---|---|---|
| 5 | 99% | 保険営業（underwriter） |
| 10 | 99% | 新規口座の開設事務員 |
| 14 | 98% | 保険金請求と保険契約手続事務員 |
| 15 | 98% | 証券ブローカー事務員 |
| 17 | 98% | 金融機関の融資係（ローン・オフィサー） |
| 18 | 98% | 保険の査定、自動車の損害 |
| 20 | 98% | テラー係 |
| 26 | 98% | クレジット・アナリスト |
| 36 | 97% | クレジット承認者、チェッカー、事務員 |

（出所）Frey and Osborne（2013）

を生み出している主要な仕事が、人間からロボットへ移行するリスクにさらされていると判定されたのです。

分析結果の特徴は、ロボット化の高いリスクにさらされているのは、単純労働ではなく、比較的高いノウハウを必要とするような仕事が多いことです。たとえば、クレジット・アナリストや融資係の仕事などは、経験と知識がいる仕事であり、20世紀までの機械がこうした仕事に対応することは簡単ではありませんでした。これが過去の機械化による影響と、ビッグデータを機械学習で分析する近未来のロボットが引き起こす職業構成の変化の根本的な違いです。

銀行などのテラー係の仕事は、質問のバリュエーション自体が多いわけではありませんが、年配の方への対応を含めさまざまな年齢層のさまざまな性格の方とコミュニケーションをとる必要があります。ＩＢＭのワトソンのような質問応答能力を持つロボットであれば対応できるのかもしれません。そして、現実にワトソンをソフトバンクのペッパーのような人型ロボットに組み込むという取り組みに関するニュースが既に報道されています。それが、10年後にはさまざまな業界の窓口の姿なのでしょうか。

さて、このようにオズボーン氏ら試算結果は大変に興味深いものですが、この試算にはかなり大胆な前提条件が置かれている点には、留意する必要があるかもしれません。具体的には、創造性やソーシャル・インテリジェンスなどに関連するスキル以外が一律にロボット化されるという前提は、いろいろな意味で少々乱暴すぎる気もします。ロボットが苦手な分野は、このようなスキル以外にもあるかもしれませんし、逆に人間の感情を理解したように振る舞うロボットの研究も近年は進んでいるからです。そして、もしロボットが人間の感情の取り扱いに長けるようになった場合は、職を奪われるリスクの高い職業は、オズボーン氏の試算よりさらに広がりを見せるかもしれません。

## 相場分析も信用リスク分析も基本は数字のパターン分析

さて、金融の仕事がどのような形でロボットに奪われてしまう可能性があるのか、もう少し具体的に考えてみましょう。トレーディングや資産運用がロボットに牛耳られつつあることはこれまで説明してきたとおりなので、今度は、銀行の本業である信用リスク管理について考えてみましょう。

企業の融資担当者や信用リスク評価者は、どのような視点に着目して取引先の信用リスクを評価しているのでしょうか。もちろん企業の財務情報が最重要の判断材料です。その他、経営者の人柄や取り組み姿勢、それに業界を取り巻くビジネス環境などが重要な材料と考えられます。

このうち、財務諸表の分析は、古くから統計的分析に基づく経験則が研究されてきました。初期の有名なモデルは、アメリカのエドワード・アルトマン氏という学者が1968年に考案したZスコアというモデルです。Zスコアは企業の過去の倒産データと売上や利益などに関するさまざまな財務指標データを重回帰分析することによって信用リスクの大きさの算出方法を確立したものであり、定量的な倒産リスク・モデルの先駆的な存在となりました。Zスコアは、入手しやすい財務指標による簡単な計算であるにもかかわらず、なかなか良好なパフォーマンスを示したので、長い間使い続けられました。

信用リスク評価のもう1つの流れは、有名なオプション評価式であるブラック・ショールズ・モデルを、ロバート・マートン氏が1974年に信用リスクの評価モデルに応用したマートン・モデルです。これは、企業価値（あるいはその代替としての株価）をオプション評価モデルに適用して、企業価値が一定水準以上に下落した場合に企業がデフォルトすると判断するのです。詳しい話は省略しますが、企業の信用リスクの定量的なモデルは大きく分類してZスコアのような統計的な手法が使われるモデル（誘導型モデルともいわれる）と、マートン型のモデル（これを構造型モデルともいいます）の2つのアプローチがあり、それぞれに改良が加えられ、現在でも利用され続けています。

21世紀に入る頃になると、これらの統計分析モデルをさらに発展させ、株価指数、為替レート、GDP成長率やインフレ率などさまざまなマクロ経済指標なども組み込んで、企業の倒産リスクを統計的なパターンから割り出そうとする動きも出てきました。このようなモデルでは、考慮に入れるファクター数をうまい具合に増やすことによって、20世紀の簡便なアプローチに比べて、優れた倒産リスクの計測能力を発揮しています。

統計的手法と人工知能がオーバーラップする部分が多いことは前章などで説明したとおりですが、さまざまなマクロ経済指標まで取り入れて倒産リスクを統計的に分析する先進的な手法は、ビッグデータの機械学習による分析の一歩手前の状態と言えるかもしれません。マクロ経済データに加えて、それぞれの業界の特性に関連する世界中の経済データまで取り入れて、機械学習で分析すれば、人間が分析するより遥かに多くのファクターを考慮した多面的な評価ができるようになります。つまり、信用リスクを、ビッグデータと機械学習を使って分析することは、これまでの統計的な信用リスク計測の技術の延長に過ぎないのです。

では、経営者の人柄や姿勢などの評価はどうでしょうか。こうした側面は、一見ロボットには難しそうに思えるかもしれませんが、実は、そんなことはないかもしれません。企業の経営状態は、その企業が公表している計数に加えて、新聞、雑誌の記事や、ツイッターなどの書き込みなども利用して、炙り出すことができるかもしれないからです。これは、株式投資の分析のためにツイッターの書き込みを利用するのと似ていますが、そもそも企業の信用リスクの評価は、その企業の株価予想とかなり似通った分析なのです。

## 個人の行動パターンもデータによって分析される

ビッグデータ時代の信用リスク分析は、実は企業のリスク分析より個人の住宅ローンやクレジット・カードなどの信用リスク分析の方がその有効性が高いかもしれません。

たとえば、これまでの住宅ローンやクレジット・カードの審査においては、借入時の年収や職業、借入比率や過去の返済状況など、数種類の限られたデータから信用リスクを評価してローンを実行、あるいは限度額を設定します。しかし、その後は延滞などが起こるまでは、その個人の信用に関する追加的なデータはほとんど利用しません。人間による評価においては、一人一人の顧客のリスク分析にそれほど多くの時間と労力を割くわけにはいかなかったのです。

これに対して、ビッグデータ時代の分析では、個人に関する利用可能なあらゆるデータを用いて、リアルタイムでその個人の信用リスクをモニターすることが可能です。利用可能なデータとは、銀行口座の動きや、クレジット・カードの利用履歴、居住している地域や職業に関するデータなどです。このような個人の行動パターンや個人を取り巻く環境のデータと信用リスクの関連性のパターンを、機械学習が探し出して評価するのです。こうした細かい動きは、これまでは、直観力の優れた担当者が偶然目にしない限りは、見つけられないようなものでした。

伝統的な人間による信用分析と、さまざまなビッグデータの分析の、どちらがタイムリーで目に見え難い情報まで加味しているか、言うまでもないでしょう。

## リテール金融のデータ獲得競争が始まった

このように、金融ビジネスの中でも、特にビッグデータの活用が期待されているのが、個人や中小企業を対象としたリテール金融の分野です。さきほど信用リスクの分析についての説明をしましたが、個人の行動パターンの分析が有用なのはそれだけではありません。データ分析によって浮き彫りにされる個人の特性に関する情報の利用可能先はロボ・アドバイザーなどによる資産運用、保険なども含めた金融商品の勧誘、さらには顧客の特性に合わせた商品の開発や不正利用のモニタリングなど、実に多岐にわたります。

アメリカやイギリスのフィンテック企業は、そのほとんどがリテールの顧客をターゲットにしています。そして、ビジネスの切り口はそれぞれ異なるものの、根っこの部分の戦略はほぼ共通しているのです。それは個人や中小企業に関するデータをいかに多く収集して、それをいかに活用するかということです。

本書はここまで、フィンテック企業としては、ロボ・アドバイザーしか詳しく紹介していませんでしたが、ビッグデータの獲得と利用を目論むフィンテック企業は他にもたくさんあります。たとえば、資産管理などのアプリケーションを顧客に提供するとともに、銀行カードの使用状況に関するデータなどを投資会社や調査会社に販売するビジネスモデルの会社です。こうした企業は、リテールの顧客のデータそのものをビジネスの道具にしているわけです。

また、別のタイプのビジネスとして、ウェブなどでお金を借りたい個人や中小企業と、お金を貸して資産運用したい個人を結びつけるP2P（Peer-to-peer）レンディングもあります。Chapter 00でご紹介したレンディング・クラブやソフィがその代表的なフィンテック企業の一例です。P2Pレンディングでは、個人や中小企業の信用力を選別して、融資してくれる貸し手をウェブなどを通じて個人から募るのです。P2Pレンディングでは、借り手の選別がビジネス拡大の非常に重要なカギとなるので、信用リスク評価の切り札としてビッグデータの分析が注目されているのです。

もちろん、テクノロジーや情報を利用してライバルに差を付けようと目論んでいるのは、既存の金融機関も同様です。既存の金融機関がフィンテック企業と対抗する手段はウェブやモバイルを使ったサービスであり、さらにはビッグデータ分析を盛り込んで差別化を図るという点ではフィンテック企業と大きな違いはありません。

このように、アメリカやイギリスでは、新興のフィンテック企業と既存の金融機関が入り乱れて、激しい競争をしながら新しい金融の姿を作ろうとしているのです。

## アメリカやイギリスの銀行は本格的な店舗削減を開始

このような変革の波を、最初に受けるのは銀行の支店です。ウェブ、モバイルを使った新たなサービスによって銀行のビジネスモデルが破壊され支店が減少する運命にあることについて、活発に情報発信を行っている人物もいます。その一人は、オーストラリア出身のブレット・キング氏です。キング氏は自らが世界で始めてのカードレスのモバイル専用銀行であるムーブンバンク（Movenbank）を設立した人物であり、21世紀の銀行はウェブやモバイル、特にモバイルによって、銀行の姿が劇的に変わると主張しています。

キング氏は、2012年に出版した著書『Bank 3.0』(King〔2012〕、邦題『脱・店舗化するリテール金融戦略』)において、現在銀行の支店が担っている、口座開設、商品購入、資金移動、問題解決などのあらゆるサービスについて、その度合いはサービスごとにばらつきがあるものの、ダイレクト・バンキングへシフトすると主張しています。特に銀行のハイカウンターで行ってきた、事務的なサービスを銀行の支店で行う必要性はますます薄くなり、銀行の支店の店舗のレイアウトや設置場所は今後大きく変わってくると予想しています。基本的には、ハイカウンターからローカウンターへ、そして、これまでの銀行支店という堅苦しい空間ではなく、ショップ、ストア、カフェというより魅力的でリラックスできる空間へのシフトが有望だと考えているようです。しかしながら、そうした努力によっても、インターネットによって供給される高品質なアドバイスによって、銀行の物理的な支店の必要性はますます希薄になり、今後10年間で先進国全般の銀行の支店が30～80%削減されるであろうと予想しました。

その後のアメリカのリテール金融の状況は、キング氏の予想通りの展開となっています。キング氏が最近発信している記事によれば、米銀は2014年の1年間だけで支店を6%も削減し、大手のウェルズ・ファーゴ銀行などは今後6年で22%の支店を削減する計画であるとしています。イギリスにおいても状況はほとんど同じで、大手の銀行は相次いで支店の大量削減を始めています。伝統的な銀行の姿の破壊は、既に本格化しつつあるのです。

## ロボット化されるリスクが高い保険と証券の営業の仕事

ここまで信用リスクや銀行の仕事を中心に説明してきたので、金融の他の分野の仕事に目を向けましょう。オズボーン氏らの分析では、金融界で最もロボット化のリスクが高いとされたのは、保険営業の仕事です。生命保険の外務員、銀行の窓口などを通じた販売や損害保険の営業担当者などをイメージすればよいでしょう。

なぜ、保険営業の仕事はロボット化されやすいと判定されたのでしょうか。たとえば生命保険の外務員の仕事を、個人の資産運用をアドバイスするロボ・アドバイザーと比べてみればわかりやすいかもしれません。どちらも、顧客個人のライフ・ステージやお金の使い道を聞き出して、その顧客にフィットする金融商品を勧める仕事という意味で、似ていると思いませんか。ただし、生命保険の営業では、顧客のリスク選好について資産運用のときほどきめ細かく把握する必要はないのかもしれませんし、ロボ・アドバイザーと違って運用ポートフォリオの構成について頭を悩ませる必要もありません。そうであるならば、ロボ・アドバイザーより簡単な仕組のロボットで十分に対応できるかもしれません。

一方、自動車保険や、火災保険などの商品については、もうすでにインターネットを通じた価格の比較や販売などが進んでいます。これらの商品は生命保険のように顧客のライフ・ステージをきめ細かく聞き出す必要もないので、ロボット化は一段と容易であるかもしれません。

こうして考えると、近年のロボ・アドバイザーの急増に追従して、他の金融商品の営業の仕事がロボット化し始めるのは、かなり近い将来の出来事かもしれません。

それから、アメリカのロボ・アドバイザーに相当する日本の仕事は、株、債券や投資信託の営業、つまり証券会社の営業や、投資信託の銀行等の窓口販売であると思われます。そして、そのロボットに保険商品を販売させることは、その気になればまったく難しいことではありません。つまり、日本でも本格的なロボ・アドバイザーが次々に登場するのは時間の問題でしょう。

## 人間に残された仕事は何か

アメリカやイギリスの、このような変革のうねりは、やがて日本にも到達するでしょう。そうなると、これからロボットなどに仕事が奪われる人間には、どんな仕事が残されるのでしょうか。正直なところ、筆者にはそれを予言する能力などありませんが、常識の範囲内で考えてみます。

まず言えることは、ロボットの製作、メンテナンスや監視などテクノロジーやリスク管理の仕事はますます難しくなるとともに、ますます重要性を増してくるでしょう。何しろ、ロボットやテクノロジーはこれまでのように補完的な役割ではなく、金融機関の中核を担うようになるのです。さらには、今後もテクノロジーの革新は続いていくでしょうから、これをキャッチ・アップするだけで大変なことです。つまり、ロボットを作り、管理する人々には大変に大きな能力と仕事の負荷がかかるのです。

一方で、これまでの金融機関の中核を担っていた、顧客営業や信用リスク分析の仕事は大きく変わることになるでしょう。なぜならば、これまで専門的な知識や経験を要するタスクの大部分がロボットに肩代わりされるからです。人間は正確さやスピードという点ではロボットより遥かに劣りますから、もしロボットが専門的知識を柔軟に使いこなすことが出来るようになれば、人間がその役割をこなす必要性はなくなるのです。そうすると、人間に残された仕事は、ロボットを補完するものであり、ロボットには当面代替できないようなサービスを提供することでしょうか。本章のはじめにとりあげたオズボーン氏は、ロボット化されにくいタスクの1つとして「ソーシャル・インテリジェンス」という項目を挙げました。つまり、人間の感情を理解して、交渉、説得やケアをする仕事です。

しかしながら、ソフトバンクのペッパーのように、人間の感情の扱いに長けた、人間にとって居心地のよい振る舞いをするロボットの開発も急速に進んでいます。こうした研究の成果として、小学校の先生を任せるには程遠いとしても、金融機関の接客程度のタスクをこなすには十分な「人間性」を持つロボットが比較的近い将来に現れたとしてもまったく不思議ではありません。もしそうであるとすると、金融界ではテクノロジー関連以外の人間の居場所は、ますます狭くなりそうです。

## BISまでビッグデータの洞察能力に注目

ビッグデータの金融への応用の有効性については、ヘッジファンドやフィンテック企業ばかりではなく、世界中の銀行の健全性を監督する立場にある、BIS（国際決済銀行）まで注目を始めました。2016年2月、BISは「ビッグデータ：タイムリーな洞察と意思決定の確実さの追求」（Bank for International Settlements〔2016〕）という題名のレポートを出したのです。このレポートの冒頭の「要点」は次のような文章で始まります。

「新しいデータのパラダイムが出現しました。人間には完全に把握できないものを本能的に拒絶しようとする性向があるにもかかわらず、ビッグデータ業界は、以前には何の関係もないように見えていた細かなデータの集まりの中から、新しい因果関係を発見し続けています。これは、新しくタイムリーな経済指標や洞察によって、新しい経済理論を生み出すかもしれません。中央銀行は時代を先取りする必要はありませんが、この新しい方法によって、ほぼリアルタイムな経済シグナルを抽出して、経済予想を強化して、金融政策の影響をより正確かつタイムリーに評価する機会を逸するべきではありません。……」【筆者訳】

保守的と思われるＢＩＳが、ビッグデータの利用によって「新しくタイムリーな経済指標や洞察によって、新しい経済理論を生み出すかもしれません」と言っている部分は、特に注目されます。この点は筆者もまったく同感であり、人工知能がビッグデータを使い新しい視野で広範囲な統計分析ができるようになれば、経済理論自体が書き換えられることになると思います。

さらにＢＩＳのレポートでは、ビッグデータのさまざまな業界における応用例が列挙されています。たとえば、グーグルによる経済活動の予想、損害保険会社における事故リスクの少ない契約者の検出や、銀行における詐欺の検出などです。金融以外の分野の事例では、アメリカの大手スーパーが購入品のパターンによって顧客に赤ちゃんがいるかどうかを判断したマーケティングへの利用、ＩＢＭによる医療診断、さらに航空会社による飛行機の到着時間予想などです。ビッグデータ活用の特徴は、その利用目的が極めて広範囲であることです。

ＢＩＳは中央銀行が率先する必要はまったくないとも言っていますが、このレポートはどう見ても、各国の中央銀行を含めた金融界にビッグデータの活用を促しているように見えます。つまり、ＢＩＳは、金融界のみならず中央銀行の政策や、経済理論そのものもビッグデータによって変化すると考え始めているのです。そうであれば、金融の仕事が変わるのも当然でしょう。

# Chap. 06

# 金融ロボット後進国、日本の危機

## 日本のフィンテックの多くは便利な機能止まり

２０１５年の後半頃から、日本でもフィンテックという言葉が突然のごとく、メディアに登場するようになりました。今や書店の店頭には関連する雑誌や本であふれているような状況です。日本特有の短期的なブームがフィンテックについても起こったわけです。では、日本で導入されたフィンテックはどのようなものなのでしょうか。その多くは、クラウドやウェブのテクノロジーを使って会計、家計簿、投資情報の取得などがこれまでよりも安く便利で使いやすくなるであろうといった内容です。正直なところ、筆者は最近の動向は十分に把握しきれていませんが、日本的なきめ細かい工夫が施されたすばらしいサービスもあるのでしょう。

一方で、メガバンクなどは、「ブロックチェーンを利用したフィンテック」などを盛んに宣伝し、たとえば三菱東京ＵＦＪ銀行は、独自の仮想通貨の発行を予定するなどの報道を行っています。メガバンク独自の仮想通貨にどれほどの利便性や需要があるのかは知りませんが、少なくとも最先端の技術を積極的に取り入れているという宣伝にはなるのでしょうか。

このような日本のフィンテック騒動は、アメリカやイギリスにおけるフィンテック・ブームの内容とはかなりズレがあるようです。たとえば、イギリス政府が２０１５年に作った、フィンテックへの取り組みの宣伝用のパンフレット[5]では、鍵となるテクノロジーとして、①機械学習とコグニティブ・コンピューティング、②デジタル通貨とブロックチェーン、③ビッグデータ解析、最適化と融合、④分散型のシステム、モバイル決済とＰ２Ｐアプリケーション、を挙げています。コグニティブ（Cognitive）というのは経験的知識に基づくという意味で、ＩＢＭのワトソンのようなイメージです。最初の項目に、機械学習とコグニティブ・コンピューティングがくるあたり、日本との意識の差を感じさせられます。さらに、ビッグデータを加えると、便利な機能よりはパワフルな人工知能のテクノロジーがクローズアップされていることがわかります。アルファ碁のディープマインドはロンドンに拠点を置きますが、人工知能研究の最前線がイギリスにあることも、日本との意識の差に影響しているのでしょう。

まったく個人的な推測ですが、日本の金融機関の文系出身の経営者にとって、キー・テクノロジーのなかで理解可能だったのが仮想通貨に使われたブロックチェーンぐらいだったのかもしれません。機械学習など最新の人工知能の理解には、ベイズ推定など広範囲な統計や関連する数学の知識や、コンピュータ・アルゴリズムについての洞察力などが必要であり、慣れない頭では相当厳しいものがあるからです。

## 裏舞台の実態に無知すぎる日本

さらに言えば、金融機関の経営も含めた日本社会は、ヘッジファンドや超高速ロボ・トレーダーのような裏舞台の実情に疎すぎます。これは、日本を拠点とするヘッジファンドがいまだにわずかしかないことや、日本からのスーパー・ヘッジファンドへの投資も主に一

5 UK Government Chief Scientific Adviser (2015) "FinTech Futures: The UK as a World Leader in Financial Technologies".

部の機関投資家などに限定されていることが1つの要因でしょう。

ヘッジファンドなどの裏舞台に疎いのは、個人的には、日本人のメンタリティにも関係しているような気がします。日本にも、才能ある個人投資家は、実はたくさんいます。しかしながら、日本人のメンタリティからすれば、自分の生活をするのに十二分なお金があれば満足であり、さらに貪欲に数千億円や兆円単位の資産を運用するようなファンドを作ろうとする野心的な投資家はほとんどいません。また、そういう運用者を育てようという気持ちを持つ資産家も少ないのかもしれません。その結果、ヘッジファンドというビジネス・モデル自体が日本ではまったくマイナーな存在であり、ソロモンブラザーズなど投機的な社風の外資系企業に在籍したことがある一部の人たちなどが細々とヘッジファンドの運営をしている程度です。したがって、Chapter 02で紹介したように、兆円単位で利益を上げるヘッジファンドが世界最高の人工知能の研究者をスカウトして、最強のロボ・トレーダーを作り上げようという発想自体が日本人にはわかりづらいのかもしれません。

こうした事情があるので、日本ではフィンテックと人工知能がそれぞれ別個に大きな話題になっても、人工知能と資産運用やトレーディングの関係にはなかなか結びつかないようです。

## 護送船団時代に形成された役所的な企業文化

日本の金融機関の文化を特徴づけた最大の要因は、戦後の金融政策です。いわゆる護送船団という政策です。護送船団とは、もともとは海軍の戦術として一番速度の遅い船に合わせて、全体を守りながら進行することを指します。金融行政においては当時の監督官庁である大蔵省が、各金融機関を手取り足取り指導することによって、すべての金融機関を破綻させないという政策をとりました。実際には、大蔵省だけでなく、主要行の企画部門も加えた少数グループが金融機関の方向性を決めていました。

護送船団方式のもう1つの特徴は、業界の垣根を高くして、異業種や異業態への相互参入を認めないというものです。銀行は銀行、証券は証券という領域には法律上の垣根が設けられていました。証券、銀行の違いだけでなく、銀行の中にも、外国為替専門銀行の東京銀行や、長期信用銀行はそれぞれ別々の法律に準拠して、非競争的な役割が与えられていたのです。

この政策は、戦後の復興期や高度成長期には大きな成果を上げ、激しい競争が起こらない制度によって、金融機関の経営は安定し、銀行は産業の黒子として日本の産業の発展に貢献しました。

護送船団時代の文化は、形式的には20世紀の終わりまで続きました。戦後から1998年までは、各銀行にはMOF（「モフ」と読みます）担と呼ばれる仕事があり、大蔵省（MOF）に頻繁に出入りして役所の意向や情報などを得ていました。MOF担は銀行のなかのエリート中のエリートの仕事であり、担当者は高い確率でやがて銀行の経営トップに昇進しました。MOF担は1998年に大蔵省接待汚職が発覚するまで続きました。

銀行とテクノロジーの関連では、銀行は護送船団方式のもと大蔵省の旗振りで、60年代の第1次オンライン、70年代の第2次オンライン、そして80年代の第3次オンラインと三度の大規模なシステム化を進めました。これらのシステム化は当時の世界水準から劣後したものではなく、たとえば現金自動預け払い機（CD）での預金の預け入れ・引き出しや、自動引き落としサービス、振り込みサービスの提供などの実現は、小切手社会である欧米では当時まねのできないものでした。この頃までは、護送船団方式のメリットも大きかったわけです。

しかしながら、80年代以降、アメリカのさまざまな分野での金融イノベーションが始まると状況は一転します。その頃までの護送船団方式は制度疲労を起こし、かつては司令塔としての役割を果たした大蔵省、日銀、さらには主要行の企画部門は、新しい金融のイノベーションを的確に理解する人材の育成と配置ができるような柔軟性を失っていたのです。金融機関は護送船団時代の親方日の丸体質のままで、当局やライバル行の動向ばかりに気を取られていました。

ちなみに、経済学者の池尾和人氏は、1994年に発行された共著『文明としてのネットワーク』（NTT出版）のなかで、護送船団方式の欠点として次の4つを挙げています。①競争制限に伴う資金配分の非効率化、②経営責任の不透明化、③規制レントの存在（競争制限により不必要な規模膨張）、④イノベーション能力の衰退。池尾氏の私見としては、この中で最大のデメリットは④のイノベーション能力の衰退であるとしています。筆者もこの意見に全面的に賛成であり、それが個人的な体験とも一致します。そして、イノベーション能力の欠如は21世紀になってますます悪化しているようにも見えます。

## 外部環境の変化に鈍感な縦割り型組織

金融機関の縦割りで役所的な企業文化との遭遇は、筆者の個人的な体験でもあります。筆者が新卒で入行した東京銀行は、戦前の横浜正金銀行という貿易金融・外国為替に特化した国策銀行をその前身に持つ特殊な銀行でした。東京銀行は他の邦銀に比べると海外業務、拠点の比率が比較にならないほど大きい、いわば護送船団とは離れた位置を孤立して航行する中型のサイズの船でした。そのような特殊な銀行の中でも特に新しいビジネスを開拓する部門に所属したため、正直なところ、あまり護送船団の文化を感じることはありませんでした。

しかしながら、その銀行が1996年に大手の都市銀行と合併し、当時世界最大の銀行になってからは、企業文化は一変しました。合併相手の大手都市銀行は、護送船団の中心を航行していると自負しているような銀行です。合併時、筆者はロンドンで現地の同僚たちに囲まれた生活をしていたので、直接的な影響は大きくありませんでしたが、会社の企業文化が一変したことはすぐにわかりました。

なにしろ、日本から派遣されて駐在している同僚たちは、東京の方にばかり顔を向けて仕事をしているのです。たとえば、特に大事な用件があるとは思えないような時でも、連日深夜まで会社に居残り、時差のある東京の本店が朝になって出社してくるのを待っているのです。どうやら、経営トップや当局と直結する企画部が絶大な権力を握っていて、意思決定は企画部門からいくつかの本部の担当部門を経由してようやく現場の部門に命令が行き渡るという仕組であることがわかりました。つまり縦割りで官僚的な企業文化なのです。また、人事における本部の人事部の権力は絶大で、現場のトップが直属の部下に高い評価をしていても、人事部の気まぐれ次第で簡単に覆ってしまうそうです。幸いイギリスの現地スタッフに囲まれた筆者の個人的な環境にはほとんど影響はありませんでしたが、こうした企業文化は、筆者にとっては大変な驚きでした。

護送船団時代に形成された日本の金融機関の企業文化は、横並びで外部環境に不感症といえるかもしれません。このような組織は、目標がはっきりした場合に本部の企画部門主導で横並びの行動を取ることは得意でも、各現場が時代の流れを敏感に読み取って素早く行動することはまったく苦手なのです。

## 経験と勘重視のトレーディング現場

東京銀行は、海外業務だけでなく外国為替のディーリングでも邦銀をリードする存在でした。なにしろ、唯一の外国為替専門銀行という、他の邦銀とは別の法律を拠り所にする銀行だったので、為替取引で他に負けるわけにはいかなかったのです。

ニクソン・ショックを経てドル円の相場が変動相場に移行したのは1973年のことですが、それ以来、東京銀行には何人かの伝説的な為替ディーラーが現れ、そのうちの何人かは外資系金融機関に引き抜かれましたが、残りの何人かは、市場部門の幹部として残っていました。彼らのトレーディングのスタイルは、ある程度の個人差はあるものの、基本的には経験と勘が重要です。経験とはチャートやその他の相場の動きのパターンの認識、ポジション造成のタイミング、損切りできる能力といったものです。東京銀行の伝説的ディーラーには本当に、素晴らしい独自の相場勘を持っていて、なかには今でも盛んに情報発信をしていらっしゃる先輩もいます。

東京銀行の為替のディーリングのスタイルは、個人の職人的な資質に頼ったものであり、為替ディーリング・ルームは職人の徒弟制度のような社会を作り上げていました。これはこれで適性がある人が慣れてしまうとなかなか居心地が良いようです。一方、筆者自身のトレーディング・スタイルは、割安な長期オプションを見つけ出して購入し、さまざまな工夫をしてオプション保有コストを減らしながら、ヘッジ操作によって稼ぐというスタイルが基本でした。これは伝統的な徒弟社会の中で培われた手法とはまったく違うアプローチでしたが、たまたまロンドンの現地スタッフに囲まれた状況で、理解のある上司にも恵まれたので、こうした手法が許容されました。

日本の他の金融機関のトレーディング・スタイルがどうなのかは詳しくはわかりませんが、筆者の知るかぎり、どこも似たり寄ったりのようです。この経験と勘（と気合）に頼るというスタイルは、アメリカでも一定の勢力を持っています。ただし、一方で、アメリカなどでは数学・統計やテクノロジーを前面に押し出したスタイル（これを「クオンツトレーディング」などといいます）も大きな勢力です。近年はロボ・トレーダーの隆盛に現れているとおり、クオンツトレーディングが優勢になっています。

経験と勘のスタイルの比重が高すぎる日本は、トレーディングの文化という点でも、ロボ・トレーダー時代に適していません。これは、第二次大戦中に、アメリカ軍がオペレーションズ・リサーチ（ＯＲ）の研究を推進し戦術の最適化を図ったのに対し、旧日本軍が個人の経験と勘を拠り所にしたことを思い起こさせます。

## 目先の手数料ばかり追求する証券会社

銀行の文化が縦割りで役所的であるとすれば、日本の伝統的な証券会社のそれは目先の手数料獲得にばかり目が行って顧客と長期的な共存関係を築くことができない文化と言えるかもしれません。証券会社は、しばしば「客殺し」などというありがたくない表現で批判されることがありますが、それには手数料重視の体質が大いに関連しています。

そのような体質が典型的に現れる一例が、仕組債の勧誘です。金融商品に詳しい読者の方であれば、ノックイン債やパワー・リバース・デュアル・カレンシー（ＰＲＤＣ）債などの名前を聞いたことがあるのではないでしょうか。リーマン・ショック後の株価や為替レートの大きな変動によって、多くの顧客が損害を出し一時社会問題になりました。損失を被ったのは、個人投資家、中小企業、大学、地方自治体、宗教法人などです。リーマン・ショック後の２０１０年頃から、仕組債の損失によるＡＤＲ（裁判外紛争解決手続）への申請や訴訟が数多く起こされましたが、多くの個人や地方自治体や宗教法人などの顧客は世間体などを気にして泣き寝入りをしています。

証券会社が仕組債の勧誘に熱心なのは、それが通常の債券よりも桁違いの利益を上げられるからです。仕組債を販売すると、その1割や2割の利益を得ることはざらであり、ひどい時は元本の半分近くの利益を約定時の時価評価として計上できることもあるのです。本書ではこの問題を詳しく説明する意図も紙面もありませんが、ご興味がある方は島義夫氏や吉本佳生氏などの書籍を参考にしてください。仕組債に限らず、証券会社にはマージンが大きい商品を販売するインセンティブが強く働きますが、マージンが大きい商品は通常はリスクが極めて大きいのです。

証券会社が利益を得る別の手口として、特定の株式銘柄を推奨することです。証券会社が推奨して重点的に営業活動をすれば、その銘柄は一定期間は上がることが多いので、大口顧客に事前に推奨することを教えて儲けさせるようなこともできるのです。ただし、一時的に上げてもやがて下がるので、逃げ遅れた顧客は逆に損をすることになります。証券会社としては、とにかく売買の頻度が上がれば儲かるのです。

日本の証券会社は、長年このようなスタイルの商売にどっぷりつかって、現在でも本質的にこのスタイルから抜けきれていません。このような文化は、長い時間と人材と資金を投入して高性能のロボ・トレーダーを作るという文化とはまったく異質なものです。

また、地場の中小の証券会社の中には、伝統的に自己勘定の株取引を積極的に行い収益の柱の1つとしてきたところが少なくありません。しかしながら、このような証券会社の取引は、経験と勘が頼りの人間トレーダー（日本では「ディーラー」と呼んでいます）が頼りです。近年の市場では、本書でこれまで詳しく説明してきたとおり、超高速ロボ・トレーダーが闊歩している状態で、地場証券の多くのトレーダーが苦戦をして、事業を縮小する証券会社も少なくないようです。これが日本の証券界の現状です。

## 規制に守られ続けてきた生命保険会社

古い体質を引きずっているのは、生命保険業界も同様です。日本の生命保険会社は、銀行や証券の規制緩和の影響で激しい統廃合が起こっても最後まで護送船団方式によって強く守られ続けている業界です。

守られているという意味は、生命保険商品はまだまだ高いマージンが取れる構造だという意味です。読者の多くは生保に加入していると思いますが、お支払いになっている保険料のうちどのぐらいの割合が保険料の経費に回っていて、実際に保険金の原資となるのはどのくらいの割合かは、ほとんど知られていないと思います。保険会社にはそれを開示する義務はなく、任意で開示している保険会社はライフネット生命一社だけのようです。ライフネット生命の経費率は20％台ですが、他の生保、特に大手生保の経費率はこれより遥かに高いようです。

日本人は多額の生命保険に加入することが多く保険天国とも言われますが、それだけ多くの国民が生保に加入する一因は、加入することの損得が判断できていないからです。この辺の事情も、近年は雑誌や書籍で説明されることが多くなってきたので、興味のある方はそうした本を一冊読んでみてください。

90年代後半に「日本版ビッグバン」という名の下で行われた、一連の規制緩和は生命保険にも一定の影響が及んだはずなのですが、生保業界についてはかなり手ぬるい改革しか行われなかったわけです。その背景は、保険業界と監督官庁である金融庁の近すぎる関係などが指摘されているようですが、本書は、この問題に立ち入るつもりは一切ありません。ただし、このように規制や当局に守られ続けている結果、多少の競争の導入はあったとしても、基本的に日本の生保業界がぬるま湯に浸かった状態であり、海外の状況やテクノロジーの進歩について、役所的な銀行と比較しても遥かに鈍感かもしれません。

前章で説明したオズボーン氏のロボット化される仕事の予想で、金融業の中で最もロボット化のリスクが高いと判定されたのは保険営業であり、いくつかの保険関係の仕事もそれに続いています。しかしながら、現在の日本の生保業界ではロボット化を先取りして、経費を大幅に削減するような意識はほとんどないかもしれません。

## 20世紀の末に設立されたネット専業銀行・証券の伸び悩み

再び個人的な話になりますが、2000年、メガバンクのロンドンでデリバティブ業務を担う子会社に勤務していた筆者は、転職してソニーに入社する決断をしました。当時ソニーは新たにネット銀行を設立する方針を決めたばかりで、先にソニーに入社していた銀行時代の後輩から、新しい銀行の市場運用担当者を探しているという話を聞いたからです。筆者は、当時まだ少人数であった銀行設立準備室の一員になりました。

筆者はソニーが作る新しい銀行は、とてもポテンシャルの高いビジネスだと考えました。それまでの日本の銀行は、預金を受け入れ、貸し出し、それに送金などの業務のほとんどを本支店の銀行員の作業を通じて行っていましたが、ネット専業銀行であれば、支店を作り多くの人員を雇わなくても預金や送金のサービスを提供できるのです。融資の事業も、その種類によっては可能なものもあるし、資金運用も金融市場で社債や住宅ローン担保証券（RMBS）などを購入すれば、十分に調達金利を上回る運用ができるかもしれません。そうであれば、既存の銀行より遥かに有利で便利な商品が提供できる可能性があると考えたのです。

当時は、ITブームの流れも手伝って、ネット銀行の設立はミニ・ブーム的な状況でした。ソニー以外にも、ジャパンネット銀行などいくつかのネット銀行がほぼ同じ時期に設立され、銀行に少し先駆けてマネックス証券などいくつかのネット専業証券も相次いで設立されました。

それから15年前後の時が流れた今、当時設立されたネット銀行はそれぞれ紆余曲折を経ながら十分な成功をして金融界で一定のポジションを築いたと言えるでしょう。実際、後発で参入しネット専業銀行最大手に成長した住信SBIネット銀行の預金残高は約3・5兆円、ソニー銀行も2兆円近い水準であり、それなりに利益も出しているようです。しかしながら、これらは設立当初の多くの関係者が期待していたほどの成功ではなかったかもしれません。ネット銀行の最大手でも地銀中位行並みの規模であり、大手の銀行とはまったく比較にならない水準に留まっています。少なくとも、銀行ビジネスのあり方を根本的に変えるという状況にまでは至っていません。一方、ネット証券の業界におけるポジションは、ネット銀行のそれより多少はましかもしれませんが劇的な違いはありません。

ネット銀行が、日本では、これまでのところ破壊的なイノベーションにならなかったことには、さまざまな理由があるでしょう。個人的には、いつまでも続いたゼロ金利状態が1つの要因だったように感じます。比較的高めの預金金利で資金を集め、その資産の運用の大部分を債券投資などに頼らざるをえないネット銀行のビジネス・モデルと、極端に低い債券利回りの環境では、既存の銀行との差別化に限界があるのです。また、ネットの利用に慣れていなかったり抵抗感があったりする世代もあり、ある程度の世代交代を待つ必要もあったかもしれません。さらには、ネット銀行に転職してきた人たちの中にも、以前所属していた金融機関の硬直的な企業文化を引きずっているという一面もありました。

ネット証券についても、銀行の場合と多少理由が違う部分もありますが、これまでのところ伸び悩んでいる状況は変わりません。そして、ネット銀行や証券の伸び悩みは、既存の金融機関に危機感を与えませんでした。アメリカでも、ネット専業に関するビジネス自体には伸び悩みが起こりましたが、それは既存の金融機関のオンライン取引サービスの強化や、ネット証券のビジネスの多様化という競争を生み出したことが主な原因であり、金融界全体のオンライン・サービスの質は大きく向上しました。アメリカやイギリスでは近年は多くのフィンテックがオンラインの金融サービスに参入し、さらに競争が激化していることは、これまで説明してきたとおりです。

## 数理的な作戦でひどく遅れている日本の金融界

さて、ここまで日本の金融界のさまざまな業態の文化について説明してきましたが、要は日本の金融界は人工知能やビッグデータを、重要な本業に活用することについてひどく遅れているのです。

たとえばロボ・トレーダーについては、経験と勘頼りの職人気質の文化が強すぎて、数理統計的な分析という発想自体がない場合がほとんどです。そして、稀に数理的な手法を試みるような会社があっても、それらは散発的で限定な試みに過ぎず、ロボットの可能性を信じて我慢強く開発を続けることができませんでした。その結果、Chapter 00で説明したように、東京証券取引所が２０１０年に超高速ロボ・トレーダーが活動可能な基盤であるアローヘッドを導入して以来、アメリカなどから多数のロボ・トレーダーが上陸し、活発な取引をしているのに、日本製のロボットはほとんどいないという状態に至っているのです。また、知人の専門家から聞いたところによれば、東京の外国為替市場でも同様で、外国産のロボ・トレーダーにシェアを奪われ続けているようです。

信用リスクの分析については、アメリカでは80年代の終わりから、個人の信用スコア評価をビジネスとする会社が現れ、住宅ローンの借り手である個人と貸し手の金融機関の両方がスコアを承知して利用するようになっていました。返済履歴や借入率などで評価されるスコアが悪い個人は、高い金利を支払わざるを得ないのです。アメリカでは、統計的な分析からパターンを読み取りスコア化するという文化が根付いていたのです。そうであるから、その延長線上にビッグデータや機械学習の利用があるのです。

これに対し、日本には、このように広く利用される信用スコアはなく、住宅ローンの審査に利用される個人の情報は、年収、勤務先や勤続年数などです。つまり、借り手である個人のパフォーマンスを統計的に評価するのではなく、勤務先の企業の規模や知名度などが重要なのです。同様に企業向け融資の信用リスク分析についても、統計的なアプローチより経験と勘が重視されてきました。

現在の金融界における、日本と米英の戦術の違いは、第二次大戦中のスタンスの違いに似ています。経験や勘と精神力という旧日本軍に対し、イギリスとアメリカはオペレーション・リサーチ（OR）という数学的・統計的手法で、ドイツのUボートや日本の特攻隊に対抗する戦術を編み出しました。また、チューリング氏が人工知能の前身となるような巨大な機械を作り上げて、ドイツの暗号解読をしたことは前述したとおりです。

今の日本の金融界は、いわば精神力のない旧日本軍という状態で、とにかく数理・統計的なアプローチが苦手であり、これまでほとんどそうした対策を練ってきませんでした。これは根本的に数理的なセンスが欠けているといってもよいでしょう。これは、民間の金融機関だけの問題ではなく、金融庁や日銀など監督当局も同様です。

## ヒト型ロボットに愛着を感じるが、目に見えないロボットには無関心

日本が遅れている話ばかりしましたが、日本には進んだ部分もあります。賢明な読者の皆さんには誤解はなかったと思いますが、本書が何度も繰り返した、ロボットやロボ・トレーダーは、サーバ・マシンやPCの中に潜んでいるロボットであり、人間の形はしていません。日本の金融では、姿の見えないロボットの分野でひどく遅れているのです。

一方で、日本は、ホンダが長年改良を続けてきたアシモや、ソフトバンクが２０１５年に19万円台で販売を開始したペッパーなどのヒト型ロボットについては昔から独特の情熱

を持った先進国であることはご存知のとおりです。姿の見えないロボットに対する関心が極端に薄い要因の1つには、ロボットというイメージが、かわいい姿形をしたヒト型ロボットとあまりにも強く結びついているからではないかとさえ思えます。

金融機関の経営者にとってもヒト型ロボットはイメージしやすいのか、いくつかのメガバンクが店頭に接客ロボットを導入する試みや計画を相次いで発表しています。特に注目されるのは、IBMのワトソンを搭載したソフトバンクのペッパーです。これはペッパーを端末としてワトソンの質問応答能力をクラウド・サービスによって提供するというもので、メディアでも取り上げられました。こうした試みは、多少の紆余曲折はあるかもしれませんが、大きなハードルがあるとは思えないので、日本は銀行の大量のテラーがロボット化する最初の国になるかもしれません。

つまり、日本は姿の見えないロボット分野でひどく遅れている一方で、テラー型ロボットでは最先端を走る可能性があるわけです。これは、かつて、金融のシステマチックな経営は遅れていたにもかかわらず、ATM（現金自動預け払い機）の機能の複雑さや設置台数だけは世界一だったことと似ているのかもしれません。しかしながら、設置されているATMの性能やメンテナンスが世界一であったとしても、1つの項目だけで金融産業の総合的な力を大きく押し上げることはできません。ロボット・テラーもまったく同様です。

ただし、ヒト型ロボットにおいてもそれに搭載するソフトウェア（人工知能）の性能が最も重要であることに変わりはありません。２０１５年独メルケル首相が来日した際にホンダのアシモと対面しましたが、首相が握手を求めたもののアシモは微動だにしませんでした。ドイツのマスコミはこのエピソードを取り上げ「これぞ日本人」であるとか「アシモにもメルケル首相のことは理解できなかったようだ」などと揶揄しました。これからはロボットが自ら学習して状況に適応し、さらに人が制御できるプログラミングが必要とされる時代です。日本がヒト型ロボットの先頭を走っていることをアピールしたいなら、やはり搭載するソフトウェアの研究開発に国として総力をあげるべきではないでしょうか。

## 数理的センスに欠ける日本の金融トップ

さて、日本のこのヒト型ロボットと目に見えないロボットのギャップはどうなっていくのでしょうか。筆者が日本の遅れを強調するのは、問題点を認識して一刻も早く遅れを取り戻し、別の方向への進化を遂げてほしいからです。

ただし、日本の金融機関の硬直的な企業経営や職人気質の現場文化をよく知る身としては、あまり楽観的にはなれません。先日、筆者のメガバンク勤務時代に長くお世話になった元上司とお会いする機会があり、日本の金融機関が抱える意思決定の問題について率直に話をすることができました。彼の考えでは、これまで日本の金融機関は、ジェネラリストが出世する仕組みで、最先端のビジネスを扱う部門にはある程度の理解力がある上司を配置することによって対応しようとしてきたのですが、そのやり方では機能しないというのです。アメリカの金融機関であれば、ある程度の理解力のあるジェネラリストではなく、年齢に関係なくその分野のビジネスを一番よくわかった人間をヘッドに据え、かつそのヘッドに大きな権限も与えるのです。

これまで金融機関のジェネラリストは、たいていは文系出身者であり、数理的なテクノロジーを利用して事業を効率的かつ効果的に行うという発想がほとんどありませんでした。数理的なセンスが欠けていたのです。実際に、80年代の後半ぐらいから、日本の金融機関は理科系の学生を積極的に採用するようになりましたが、彼らにはデリバティブなど一部の業務の限定的な現場の仕事を任せても、数理・統計的な手法を使って会社の大きな戦略を変えるようなことは決してしませんでした。これは筆者自身の経験でもあります。このような文化を持つ個々の金融機関の体質を、自律的に変えていくことはほとんど不可能といってもよいでしょう。

では、来るべき人工知能の時代に、日本の金融機関はアメリカやイギリスの生み出す強力なテクノロジーにどう対抗していけばよいのでしょうか。個人的には、個別の企業の自立的な転換が困難であるとすれば、何らかの業界横断的な組織や政府主導の組織で研究を進めるような選択肢しか思いつきません。ただしその際には、これまでの日本の金融の体制に慣れ親しんだ人たちを集めても意味がありませんから、これまでの経歴や肩書きとはまったく異なる観点で人選をする必要があります。

そして、最初にできることは、海外の状況と必要なテクノロジーについて徹底的に調査して、ノウハウを蓄えることではないでしょうか。日本は気質的にヘッジファンドのまね事には向いていません。そうであれば、欧米のまねをして、破壊的テクノロジーで自分だけが大儲けすることを考えるのでなく、何か別の方向に使うことを考えるべきだと思います。この点については、終章で続きの議論をします。

Conclusion

# 表舞台と裏舞台の両方から変わる金融界

## 人工知能に対する認識を修正する必要がある

さて、ここまで、近年の人工知能の威力と可能性を説明してきましたが、いかがだったでしょうか。一般には近年の人工知能の急激な変貌の本質について気が付いていない方も少なくないように見受けられます。人工知能と言えば、これまで身近なファジー家電や、融通が利かないエキスパート・システムぐらいしか知らなかった方も少なくないでしょうから、それは仕方のないことかもしれません。

しかしながら、現在進行形で進化している人工知能は、20世紀までの人工知能とまったく違うものです。グーグル子会社のディープマインドのハサビス氏が言うように、20世紀までの実際に応用された多くの人工知能は、人間が作ったプログラムどおりに動いているだけに過ぎないのに対し、これからの人工知能は、機械が自分で学習するのです。この違いを、演繹と帰納と表現する専門家もいます。20世紀までの人工知能は、人間が設定した知識やルールなどから出発して演繹的に解を導いていたのに対し、機械学習の手法では機械がデータから帰納的に解を導き、どんどん学習を進めるようになったのです。この違いは、何度強調しても強調し過ぎることはないでしょう。人工知能は、やがて自分が学習する枠組み自体も自分で学習することになるのでしょう。

もしかすると、基本的なメカニズムの大転換に一番驚いているのは、20世紀型の手法が体に染み付いた一部の人工知能の技術者や研究者たちであるようにも見受けられます。20世紀までは、人間がいかに優れた知識やアルゴリズムを機械に植えつけるかという、問題に心血を注ぎ、そこには高度で職人的な知識と経験が必要だったのです。それに対し、これから有力になる人工知能の学習方法では、まったく別の種類の経験と知識が必要になり、最終的には機械が勝手に学習してくれるのです。これを、人間がコード（コンピュータのプログラム）を書く必要がない時代がやってきたという言い方をする人もいます。一部の領域では、20世紀のコンピュータの知識や経験がほとんど役に立たないような時代になってきたのです。

## 今は不得手なこともいつまでも不得手とは限らない

そうはいっても人工知能にも苦手な分野があるといわれています。たとえば、人間の複雑な感情を読み取る力や、数字やデータに表しにくい常識などです。ただし、ある意味ではそれは当然のことで、これまで人工知能が苦手だったことのほとんどは、そうした内容を本格的には学習をさせてこなかったか、あるいは良い学習方法がまだ見つかっていないだけなのです。

最近の人工知能は、機械が勝手に学習すると言いましたが、これは機械が完全に自律学習するという意味ではありません。ディープマインドの万能ゲーム攻略の深層強化学習も、ゲームに勝てば評価が上がるという設定自体は人間が行っているのです。完全に自律して学習を続けることができる知能のことは人工汎用知能（ＡＧＩ）と呼ばれ、ＳＦ小説も含めて古くから議論されていますが、ＡＧＩの登場はまだ先の話です。

人間の感情や、常識といったこれまで人工知能が苦手であった分野でも、そうした領域について機械に有効に学習させる手法は、おそらく現在そうした研究が始まったばかりであり、これからその成果が発揮されていくものと思われます。どんな領域であっても、情報のパターン認識が可能であれば、近年の人工知能のアプローチで対応できるのです。実際、感情に関する研究は、ソフトバンクのペッパーに関連するものを含めて、本格的な取り組みが始まっているようです。

## 経済学やファイナンス理論の教科書が大幅に書き換えられる可能性

ビッグデータの解析などによって中長期の相場変動の予想ができる強力なロボ・トレーダーを作ることができたら、それは当然ながら、金融政策や金融工学においても有効かもしれません。Chapter 05でご紹介したＢＩＳのレポートに、ビッグデータの利用が新しくタイムリーな経済指標や洞察となって、「新しい経済理論を生み出すかもしれません」と記しているのは、まさにそのことです。

金融や経済は、基本的には極めて多様なファクターが相互に影響しながら大変に複雑な変動をします。マクロやミクロの経済モデル、それに市場価格や信用リスクのモデルにおいては、取り込めるファクターの数は多ければ多いほど、モデル対象の現実の複雑さをより正確に反映できるモデルになります。

ただし、ファクターの数を増やせば自動的にモデルの精度が上がるという簡単な話ではありません。20世紀までの人間が前提条件やルールを決めて作ったモデルにおいては、概してうまく機能しませんでした。人間が決める前提条件は、極度に単純化してファクター数も抑えないと、数学的な取り扱いが難しくなって事実上利用不可能となってしまったからです。しかしながら、近年のビッグデータ分析で主流になっているアプローチはこれとはまったく別のもので、「データ自体に何かを語らせ」、必要なファクターも機械自体が探してくることが可能になりました。

経済やファイナンスの基本的な考え方や原理は、その時々の統計分析の能力によって左右されてきました。したがって、統計分析の能力が大きく向上すれば、その理論自体が書き換えられる可能性があるわけです。一例を示しましょう。読者は株価などのランダムウォーク理論をお聞きになったことがあるのではないでしょうか。ランダムウォークは、液体や気体中に浮遊する微粒子が、不規則な運動をくりかえす様子を確率的なモデルにしたもので、有名なオプション価格理論であるブラック・ショールズ・モデルでも株価の変動率のモデルとして組み込まれています。

このようにランダムウォーク理論は、金融界の基本モデルのような扱いをされているので、ずいぶん昔からあるような気もします。しかし、ランダムウォーク理論には実はそれほど長い歴史はありません。20世紀の半ばまでは、多くの経済学者は、現在とは逆に相場の変動には何らかの規則性（パターン）があると考えていたのです。それが、50年代に当時の最先端の統計分析手法を駆使して分析したところ、規則性を見つけることはできず、市場の価格変動がランダムウォークであるという説が有力になって定着したのです。

ところが、近年は20世紀半ばと逆向きの研究が進んでいます。ヘッジファンドは、過去のティックデータやビッグデータを解析することによって、市場の動きの規則性を見つけて儲けを競うようになったのです。20世紀半ばの統計技術と利用可能なデータからは、当時の新しい理論として市場のランダム性が導かれましたが、現在は遥かに大量のデータと人工知能を使って、逆に、相場の動きから何らかの規則性を発見しているのです。

経済学やファイナンス理論は、物理や数学と違って不変の真実や定理は存在しません。経済学やファイナンス理論の多くは、過去のかなり限定的なデータを限定的な能力の分析手法を使って確立されてきました。そうであるから、近年のビッグデータ分析の技術の向上は、経済学やファイナンス理論の教科書を大幅に書き換える可能性を秘めているのです。

## 裏舞台のロボ・トレーダーが超強力になるのは時間の問題

深層学習や深層強化学習など最新の人工知能の進歩の程度が、多くの専門家の予想を大きく覆すほど速いものであることは、アルファ碁の囲碁のトップ棋士に対する勝利によって示されました。アルファ碁は、今後10年は無理と思われたことをやってのけたからです。

そのアルファ碁の勝利を支えたのが、近年話題の深層学習と、ディープマインドのデイビッド・シルバー氏が開発し、機械が自分自身でさまざまなゲームの攻略方法に熟達するのに使われた深層強化学習です。

このうち、深層強化学習は本当に新しい機械学習の手法であり、筆者は英語の書籍も含めて、まだその技術が説明されている書籍を見たことがありません。つまり、現在は、ほとんどの人工知能の専門家でさえも知らないような手法が突然現れて衝撃を与えてもまったく不思議ではないような時代なのです。

そして、Chapter 02で説明したルネッサンスやブリッジウォーターなどの一部のスーパー・ヘッジファンドは、こうした時代が到来することを数年前から見越して、世界トップ級の能力を有する研究者を雇い入れて運用に活用しようとしているのです。彼らは、現在、投資やトレーディングに威力を発揮するロボ・トレーダーの開発に試行錯誤している状態か、あるいは実験的な取引を行っているような状態ではないかと想像します。もちろん、ディープマインドによる深層強化学習やアルファ碁のアプローチは、彼らの研究に大きな影響を及ぼして、その成果を応用しようとしていることでしょう。

人工知能の実用化は、理論とエンジニアリングを融合した大変に興味深い技術です。多くの日本の将棋ソフトの研究者は、ディープマインドのアルファ碁が最初の学習ステップとして採用したＣＮＮという深層学習のアプローチは画像認識に適した手法であって、囲碁や将棋などに有効であるとは考えていなかったようです。つまり、ディープマインドは、深層強化学習という新しい手法を開発しただけでなく、ＣＮＮの新しい利用方法も考案してその有効性を実証したのです。

このように、人工知能の技術においては、採用するアプローチには多様な選択肢があり、どの手法を利用するか、そしてどの手法とどの手法をどのように組み合わせるかが大変に重要であるとともに、大変に難しい問題なのです。さらには、一旦基本的なアプローチを採用しても、延々と試行錯誤をしながら、細部の手法の選択やチューニングを繰り返していくことになります。あたり前のことですが、人工知能を利用すれば、誰でも同じように成果が上げられるわけではないのです。したがって、本当に超強力なロボ・トレーダーに仕上がるまでに、それなりに時間がかかって当然です。

超強力なロボットがどのような機能を有するものになるかはわかりませんが、ＩＢＭのワトソン、ディープマインドのアルファ碁、さらにヘッジファンドのツーシグマのアプローチなど、近年の人工知能の成功事例から推察する限り、相場変動を高い精度で予想する機能だけでなく、さまざまな機能が連動する構造になるように思えます。さまざまな機能とは、複数のアプローチによる相場予想のウェイト付けや信頼性を評価する機能、ポートフォリオ全体を最適化する機能、そしてリスク管理や取引執行する機能などです。

こうした機能を兼ね備えたロボ・トレーダーの開発は、裏舞台で人知れず行われるので、すでに存在しているのか、あるいはまもなく現れる状態なのかもわかりません。ただし、そのようなロボットが少なくとも近い将来には現れ、その後はさらに機能を向上させながら着実に増えていくことだけは確かです。もちろん、スーパー・ヘッジファンドはそうしたロボ・トレーダーの存在を公表しないでしょうから、外部の人間は推測するしかありません。突出した運用パフォーマンスやうわさなどが超強力なロボ・トレーダーの存在を推測する手段です。

## 心配なのは破壊的テクノロジーを独占されるリスク

私たちにとって一番心配なことは、このような裏舞台のテクノロジーが人知れず超強力になって、一握りの人たちの利益ばかりが増えることです。もし、巨額の資金でトップの研究者をひきつけられるスーパー・ヘッジファンドが、ディープマインドのように超強力な新しい手法を開発し、その手法の存在さえも明かさずに独占すれば、残りの人類は利益を吸い上げられるばかりという想像したくない状態に陥るかもしれません。

ただし、裏舞台のロボ・トレーダーがあまりにも強くなった場合は、ロボットが生み出す利益の大きさをすべて隠し通すわけにはいきません。したがって、やがてそのヘッジファンドの存在は世間の注目を集めることになるでしょう。そうなれば、そのファンドに対する世間の風当たりが強くなり、政治に規制を求めるような動きも出てくるかもしれません。また、何とかその手口を探って、強力なロボ・トレーダー開発に追従する動きも生まれるでしょう。こうしたことが、過度な独占状態が起こるリスクを多少は緩和する要因になるかもしれません。

また、ヘッジファンドのみならず表舞台でも技術の独占が起こるかもしれません。たとえば、将来の金融サービスの鍵となる重要なサービスについて、ネット検索におけるグーグルや、ネット書籍のアマゾンのような独占的なシェアを持つ企業が現れる可能性です。世界中の個人や企業の信用分析について、ある一社だけが個人や企業に関する桁違いの量のビッグデータや突出して優れた分析手法を保有し、世界中の他の金融機関はその会社のサービスに依存せざるを得なくなるような状況です。かつてのグーグルがそうだったように、今はほとんど無名のフィンテック企業が、突出した人工知能の技術を持って世界各国の金融機関と提携して、独占的なシェアを持つ企業に成長するような可能性も考えられます。

金融界における独占は、これまでも事例があります。典型的なのは、大企業やソブリンの信用リスクを評価する格付けのビジネスが、S&P社など3社によってほぼ独占される状態です。これから心配されるのは、現在の格付け会社への依存より、遥かに広い領域の多様なビジネスに関する情報分析サービスやツールについて独占されることです。

したがって、破壊的な技術が登場する可能性が高まっている今日、大事なことはその破壊的テクノロジーを独占させないことです。幸いなことに、人工知能研究の最先端を走っているディープマインドは、いまのところ研究成果を随時発表してくれていて、グーグルだけのために技術を独占する意思がないように見えることです。裏舞台にスカウトされたトップクラスの研究者達がどんな研究をしているかはわからないですが、ディープマインドのおかげで、人類は最先端の人工知能技術の威力を認識することができているのです。

ディープマインドが公表するレポートは、裏舞台の投資研究にも利用されますが、表舞台の多くの研究者も刺激して加速させることになるでしょう。これからも、最先端を走る技術者たちがこのようなオープンなスタンスを持ち続けることを祈るばかりです。

## 金融界の未来、2つのシナリオ

こうして考えると、金融界の未来には大きくわけて2つのシナリオがあるように思えます。悪いシナリオは、破壊的なテクノロジーが独占されて、一握りの人々が膨大な利益を上げるというものです。

一方、テクノロジーの進歩自体は誰にも止めることができないとすると、良いシナリオは、優れた技術が広く共有化されて多くの人々が利用できるようになることです。つまり、資産運用の投資尺度や、お金の借り手の信用リスク分析手法の情報が共有化され、投資や融資が誰にでもほぼ同じ水準のものが利用できるようになることです。

悪いシナリオが起こった場合は、最強のトレード・ロボを持つ会社が市場から利益を吸い上げ続け、個人や企業の信用リスクの評価の手法や情報が極めて少数の会社に独占され、世界中の金融機関は独占企業に何らかのお金を支払い続けなければならないことになります。

一方、良いシナリオが起こってテクノロジーが広く共有された場合はどうなるのでしょうか。そうなった場合は、現在の銀行や証券会社のように個々の金融機関による競争を続ける意味が薄れ、公共的なサービスという色彩がより強くなるのではないかという気もします。金融という仕事は、結局のところ、お金の価値という単一の尺度しかなく、各金融機関が特徴を出す余地が少ないのです。これは、たとえば自動車業界などと比べれば明らかです。自動車を購入する人が求める価値は、人を乗せて走るという機能だけでなく、外見や乗り心地など多様であり、自動車メーカーはこの多様な価値基準に応じられる個性を発揮することができるのです。これに対し金融の仕事は、運用で言えば安定してリターンを得る能力、融資であれば的確に信用リスクを見抜く力という単一の基準に集約されて、業者ごとに個性を発揮する余地がずっと少ないのです。

これまでの、経験と勘に頼る時代では、金融機関ごとの経験や勘に一定の個性が発揮されたのですが、ビッグデータの機械学習による分析の時代に移行すれば、これまでの各社の個性の価値が失われると考えられるのです。つまり、一定以上の信用力を有する企業や個人に対する金融サービスはテクノロジーの共有によって、誰がやっても大した違いはなくなるのではないでしょうか。

そうであるとすれば、金融機関に求められる役割はどのようなものになるのでしょうか。個人的には、これまでのように金融機関同士が優良顧客の取引獲得を争うのではなく、より公共的な役割が期待されるのではないかと思います。そして、金融機関がこれから注力すべき仕事は、これまで十分なサービスやサポートを得ることができなかった低所得者や財務基盤の弱い中小企業などにサービスを行き渡らせることではないでしょうか。これが、筆者が考える金融の理想的な将来像です。

## いずれにしても金融の仕事は劇的に変化する

良いシナリオと悪いシナリオのどちらが実現するにしても、金融の仕事が大きく変化することには変わりありません。資産運用、金融商品の営業やアドバイス、信用リスクの評価や多くの事務的な仕事がロボットに代替できるようになることはほぼ間違いない上に、テクノロジーが独占されるか共有されるかに関係なく、そのテクノロジーは世界中で利用されるようになるからです。

結局のところ、金融という仕事は、お金の価値という単一の尺度しかない点が、人工知能による分析との相性が良い点です。近年の人工知能は、ビデオ・ゲームのように勝負がはっきりするようなゲームの攻略には極めてパワフルな威力を発揮し始めているのですが、金融における相場取引や信用リスクは、勝ち負けが付くゲームとして置き換えることができるのです。

今、金融機関で働いている若い世代や、これから入社する人々は、今後はかなり大きな環境や価値観の変化を経験することになるでしょう。大きな環境変化が起こるのは、銀行、証券、保険、資産運用の各業界にすべて共通です。

実は、筆者自身も含めて、80年代から90年前半にかけて大手銀行に入行した人々も、大きな環境変化を経験しています。何しろ、都市銀行、長信銀、外国為替専門銀行が17行あったのが、現在は6行程度にまで再編され、いくつかの銀行では破綻という事態に直面したのですから。しかし、21世紀初頭までの再編では、合併した各行の勢力争いなど、非常に人間的な側面での環境変化であったのに対し、これからの環境変化は、ロボットとの共生というまったく違った環境変化になります。

ロボット化と奪われる仕事の関係についてはChapter 05で説明しましたが、現在の多くの仕事はロボットに代替されることになるでしょう。では、人間は何をすべきなのでしょうか？　筆者の個人的な考えでは、たとえロボット化が可能な業務であっても、人間が担当した方がよい仕事があるような気がします。もう少し具体的に言うと、単に財務基盤や収益性だけでは計れない社会的意義の高い事業への融資などの金融サービスやアドバイス、さらにはより繊細な心遣いが必要な個人などに対するサービスをする業務です。

言い方を変えると、勝った負けた、あるいは有利不利というような判定基準だけでは評価できないような側面を持つ仕事です。

## 日本が果たすべき役割

さて、最後に、来るべき激変の時代に、日本が果たすべき役割について、筆者の考えを簡単に説明します。前章では、日本の金融機関や当局の悪い面として、縦割りの企業文化と数理・統計的なセンスのなさなどを指摘しました。一方で、日本の良い面は何でしょうか？

個人的には、日本は技術を独占し世界の金融界を牛耳ろうという考え方はほとんどないこと、さらに潜在的には市民的な公共意識が高いところが日本の良いところだと思います。現在の日本の金融機関の公共意識が高いかどうかは、正直なところ意見が分かれるところだと思いますが、地震や火山の噴火など自然災害の多い日本では、定期的にこの意識が高められる土壌があると思います。これは、時折牙をむく自然に対する一種の畏敬の念が人間のおごりに歯止めをかけるといったらよいのでしょうか。

もし日本が強力なテクノロジーを有することができれば、悪いシナリオが現実のものとなって、破壊的なテクノロジーが独占され、世界中からその独占者に利益が吸い上げられるリスクが軽減されることが期待されます。超強力なテクノロジーの出現の時代は、独り勝ちを避けるべく公共意識が非常に重要なファクターなのです。懸念すべきは大国の思惑によって政治力で説き伏せられてしまうことですが、これは次世代において世界の国力のバランスがどうなってゆくか時代の流れを見て行くほかありません。

少なくとも、日本がなすべきことは、アメリカのヘッジファンドのまねをすることではなく、最先端のテクノロジーに追いつき、世界に負けないような水準の独自のテクノロジーを作り上げ、それをできるだけ公共の目的で使用することではないでしょうか。

前章でもふれたように、そのためには既存の金融機関同士の利害関係などを超越した体制がよいと思います。現状の金融機関や金融庁などの当局では、来るべきテクノロジーの大革新に対応するには、文化的にも人材的にも難しいので、何らかの形でオール・ジャパン的な体制を作る必要があると思われます。

# おわりに

筆者は今春、『数理ファイナンスの歴史』（金融財政事情研究会）という本を上梓しました。手前味噌になりますが、これは金融工学や資産運用に直接的に関連する経済やファイナンスの理論や技術の発展を、歴史の視点でまとめたユニークな本であり、1900年のルイ・バシュリエのオプション理論から、最近のフィンテックや人工知能の利用までカバーしたものです。

この前作が、金融市場で使われる理論と技術の過去を説明したものであるのに対し、本書は金融市場と金融ビジネスの未来を考えるための材料を集めた本といえます。そういう意味では、筆者の内側では2つの本は強くリンクしています。そして、歴史を振り返った余勢で、未来に関する本を書いたのはほとんど必然的な成り行きだったと感じています（ただし、誤解のないように説明しておくと、前作『数理ファイナンスの歴史』は専門家や数理ファイナンスの学習者を念頭に書いた本であり、本書のように一般向けではありません）。

2つの本の執筆を通して強く感じたことは、現在が金融のあり方の歴史的な転換点であることです。この大転換は、2008年に起きたリーマン・ショックによって始まりました。

リーマン・ショック以前の金融商品や信用リスクに関する技術は、主に実務的な要請から、現実世界の複雑さに目隠しをして、ひどく単純化された前提条件の上に築かれた建造物でした。そこでは難しそうな数式がしばしば使われましたが、実際のところ、その土台はまったく不安定な代物だったのです。リーマン・ショックは、このような金融技術の基盤の脆弱さに目をつぶって、一部の関係者が私利私欲に突き進んだことによって発生しました。

当然のことながら、リーマン・ショック後に、それまでの金融技術の見直しが行われ、国際的に厳しい規制がかけられるようになりました。この作業は現在も続いていて、金融ビジネスに関する規制は厳しくなる一方です。しかしながら、従来の不安定な土台の上に、パッチワークで規制を強化するような対応をしても、すぐに限界が来ることは目に見えています。

このような変革期に、ベイズ推定を理論的基盤にした人工知能技術の飛躍的な進歩がたまたま重なったのです。ベイズ推定が主体となった人工知能の新しいアプローチは、金融技術のあり方を見直すという次元を超えて、根本的に変える可能性があります。これまでの金融技術や経済理論は欠陥のある前提条件を基礎にして演繹的な思考法で技術を積み上げたものであるのに対し、新しい手法では、大量のデータから市場や経済の規則性が帰納的に導かれます。

この新しい技術は、以前のアプローチの欠点を克服するという明るい側面がある一方で、その技術はあまりにも破壊的であり、独占的に利用されると非常に心配な事態に陥ります。

また、新しい技術は、金融に関わる人々の生活を必然的に大きく変えることになるでしょう。このような歴史上の新しい問題を考えるのが本書のテーマだったのです。

本書を完成させるのに、何人かの方々からの重要なサポートをいただきました。筆者の東京銀行時代の金融技術の研究仲間であり、アルゴリズム取引に関する日本の第一人者の一人である小西秀さんには、アルゴリズム取引や人工知能に関する部分の原稿について貴重なコメントをいただきました。また、筆者の東京銀行時代の上司である駒形康吉さんとは日本の金融機関の限界やアメリカ企業とのアプローチの違いなどについて、有益な議論をさせていただきました。

それから、本書をこのような形の本にまとめることができたのは、東洋経済新報社の齋藤宏軌さんとの出会いがあったからです。本書は、もともと少し違う内容の企画から出発したのですが、齋藤さんの洞察力のおかげで、明確なテーマを持つかたちにまとめることができました。そして、筆者と齋藤さんの橋渡しをしてくれたのが、翻訳家である筆者の家内と東洋経済新報社の矢作知子さんです。これらの方々に心から感謝を申し上げます。

2016年7月、自宅にて

櫻井　豊

## [参考文献]

Aronson, D. and T. Masters (2013) *Statistically Sound Machine Learning for Algorithmic Trading of Financial Instruments: Developing Predictive-model-based Trading Systems Using TSSB*, Createspace Independent Publishing Platform

Bank for International Settlements (2011) "High-frequency Trading in the Foreign Exchange Market," Markets Committee Publications, No.5

Bank for International Settlements (2016) "Big Data: The Hunt for Timely Insights and Decision Certainty," IFC Working Papers, No.14

Bishop, C. M. (2010) *Pattern Recognition and Machine Learning*, Springer

Dalio, R. (2011) "Principles," www.bwater.com.

Davey, K. J. (2014) *Building Winning Algorithmic Trading Systems: A Trader's Journey From Data Mining to Monte Carlo Simulation to Live Trading*, John Wiley & Sons

Deboeck, G. J. (ed.) (1994) *Trading on the Edge: Neural, Genetic, and Fuzzy Systems for Chaotic Financial Markets*, John Wiley & Sons

Ferrucci, D. et al. (2010) "Building Watson: An Overview of the DeepQA Project," *AI Magazine*, Vol.31, No.3

Frey, C. B. and M. Osborne (2013) "The Future of Employment: How Susceptible Are Jobs to Computerisation?" Oxford Martin School Working Paper

Glantz, M. and R. Kissell (2013) *Multi-Asset Risk Modeling: Techniques for a Global Economy in an Electronic and Algorithmic Trading Era*, Academic Press

Kearns, M. and Y. Nevmyvaka (2013) "Machine Learning for Market Microstructure and High Frequency Trading," www.cis.upenn.edu

King, B.（2012）*Bank 3.0*, Marshall Cavendish International（Asia）（上野博訳『脱・店舗化するリテール金融戦略』東洋経済新報社）

Kissell, R. and R. Malamut（2005）"Understanding the Profit and Loss Distribution of Trading Algorithms," *Institutional Investor Journals*, Vol.2005, No.1

Lewis, M.（2014）*Flash Boys: A Wall Street Revolt*, W. W. Norton & Company（渡会圭子・東江一紀訳『フラッシュ・ボーイズ』文藝春秋）

Mallaby, S.（2010）*More Money than God: Hedge Funds and the Making of a New Elite*, Penguin Press（三木俊哉訳『ヘッジファンド——投資家たちの野望と興亡』楽工社）

Mnih, V. et al.（2013）"Playing Atari with Deep Reinforcement Learning," NIPS Deep Learning Workshop

Mnih, V. et al.（2015）"Human-Level Control Through Deep Reinforcement Learning," *Nature*, Vol.518

Patterson, S.（2012）*Dark Pools: The Rise of the Machine Traders and the Rigging of the U.S. Stock Market*, Crown Publishing Group（永野直美訳『ウォール街のアルゴリズム戦争』日経ＢＰ社）

Rowan, D.（2015）"DeepMind: Inside Google's Super-brain," *Wired UK*, 22 Jun（ATSUHIKO YASUDA訳「DeepMind 4億ドルの超知能」『WIRED』第20号）

Silver, D. et al.（2016）"Mastering the Game of Go with Deep Neural Networks and Tree Search," *Nature*, Vol.529

Turing, A. M.（1950）"Computing Machinery and Intelligence," *Mind* 49

合原一幸・五百旗頭正編著（１９９５）『カオス応用システム』朝倉書店

大墳剛士（２０１４）「米国市場の複雑性とＨＦＴを巡る議論」ＪＰＸワーキング・ペーパー特別レポート

岡谷貴之（２０１５）『深層学習』講談社

小林雅一（２０１５）『ＡＩの衝撃——人工知能は人類の敵か』講談社現代新書

櫻井豊（２０１６）『数理ファイナンスの歴史』金融財政事情研究会

人工知能学会監修、神嶌敏弘編（２０１５）『深層学習――Deep Learning』近代科学社
馬場口登・山田誠二（２０１５）『人工知能の基礎（第2版）』オーム社
林敏彦・大村英昭編著（１９９４）『文明としてのネットワーク』ＮＴＴ出版
保木邦仁（２００６）「コンピュータ将棋における全幅探索とfutility pruning の応用」『情報処理』47巻８号
松尾豊（２０１５）『人工知能は人間を超えるか――ディープラーニングの先にあるもの』ＫＡＤＯＫＡＷＡ

【著者紹介】
**櫻井　豊**（さくらい　ゆたか）
金融市場と金融商品、及び金融技術の専門家。1986年に早稲田大学理工学部数学科を卒業し東京銀行（現三菱東京UFJ銀行）入行。2000年にソニーのネット銀行設立メンバーに加わり、ソニー銀行執行役員市場運用部長などを経て2010年よりリサーチアンドプライシングテクノロジー株式会社（RPテック）取締役。入行以来ほぼ一貫して金融市場におけるさまざまな金融商品を用いたトレーディング、資産運用などの業務に従事し、金融市場の実態、理論とそこで使われる技術を熟知する。主な著書に『数理ファイナンスの歴史』（金融財政事情研究会）がある。

人工知能が金融を支配する日

2016年9月1日発行

著　者――櫻井　豊
発行者――山縣裕一郎
発行所――東洋経済新報社
〒103-8345　東京都中央区日本橋本石町 1-2-1
電話＝東洋経済コールセンター　03(5605)7021
http://toyokeizai.net/

装　丁…………bookwall
本文デザイン……アイランドコレクション
印　刷…………東港出版印刷
製　本…………積信堂
編集担当………齋藤宏軌

ISBN 978-4-492-58108-7